步入资本模式

——民企上市之路

钟邵·著
ZHONG SHAO

企业管理出版社
EMPH ENTERPRISE MANAGEMENT PUBLISHING HOUSE

图书在版编目（CIP）数据

步入资本模式：民企上市之路 / 钟邵著. -- 北京：企业管理出版社，2016.12
ISBN 978-7-5164-1413-2

Ⅰ.①步… Ⅱ.①钟… Ⅲ.①民营企业—上市—研究—中国 Ⅳ.①F279.245

中国版本图书馆CIP数据核字（2016）第289480号

书　　名：	步入资本模式：民企上市之路
作　　者：	钟　邵
选题策划：	周灵均
责任编辑：	周灵均
书　　号：	ISBN 978-7-5164-1413-2
出版发行：	企业管理出版社
地　　址：	北京市海淀区紫竹院南路17号　　邮编：100048
网　　址：	http://www.emph.cn
电　　话：	总编室（010）68701719　　发行部（010）68701073 编辑部（010）68456991
电子信箱：	emph003@sina.cn
印　　刷：	香河闻泰印刷包装有限公司
经　　销：	新华书店
规　　格：	170毫米×240毫米　16开本　11.5印张　150千字
版　　次：	2016年12月第1版　2016年12月第1次印刷
定　　价：	40.00元

版权所有　翻印必究·印装有误　负责调换

自序

自20世纪80年代随着改革开放的发展,我国民营企业历经生产加工、产品营销、品牌打造时期,到现在已经进入四大时代(智能化时代、互联网时代、大数据时代、资本化时代)的混合交叉期。在这个时期,很多企业家看到个别企业成功转型的案例,开始进行自己的转型,然而我们能模仿别人的方法,却无法复制别人的资源与根基。自2014年至今,很多企业为实现线上与线下结合的O2O模式投入大量的资金,而有的企业只是建立了一个网上商城,并没有带来实际的成效,还有的企业将产品向智能化概念产品转型,但随着手机智能化功能的强大而逐步替代掉这些智能产品,转型仍然未获得成功。

民营企业未来发展出路在何方?综观目前民营企业的发展,是举步维艰,其原因大致有这样几个方面:第一,转型需要投入资金,且风险很大,而借贷融资非常困难。第二,企业维持目前业务模式则利润会越来越低,而且市场占有率在不断下降,以至于触碰成本底线,出现亏损甚至更大的亏损。第三,尝试"互联网+"能改

变产品通路，却投入大、收益小。第四，计划研发新的产品，重新在市场推广，又需要大量资金。

有人说："一个企业如果有足够的钱，它就不可能死。"此话很有道理。如果有足够的钱，一切都可以改变，可以按照新型态下的商业环境重新构建企业主营产品与业务模式及团队再造。但这是企业的自有资金很难做到的，难以承担起"企业再造"所带来的资金负担与风险。只有进行资本运作，才能突破民营企业发展过程中的瓶颈！有人说"未来十年是资本时代"，这是社会发展的大趋势，同时也意味着我国民营企业面对资本时代的来临。

本书从企业经营管理的层面，阐述民营企业实现上市的各种途径，力求给民营企业家一个相对完善的资本运作体系；同时与现代民营企业管理层一起学习资本运作的知识。

出版此书只是抛砖引玉，希望读者提出更多的有助于企业对资本市场认知的意见和建议。感谢对本书提出指导意见的各位同仁朋友，在此一并谢忱！

钟 邵

2016年12月于深圳

目录

第一章 破解民企融资之困 1

一、我国民营企业融资困境分析 3
   1. 民营企业融资难自身存在的问题 3
   2. 民营企业融资难外部环境的问题 4

二、激烈竞争，做大做强不是梦 7
   1. 造成民营企业之间恶性竞争的原因 7
   2. 避免恶性竞争，增强民营企业综合竞争力 9

三、资本汹涌，怎样走向资本市场 10
   1. 积极利用资本市场 10
   2. 充分发挥民间资本的力量 11
   3. 选择中介机构，助力企业融资 12

第二章　步入资本模式你准备好了吗 ································ 15

一、民营企业步入资本模式的条件 ································ 17
1. 企业主体资格的合法性 ································ 17
2. 企业的成长性 ································ 18
3. 企业的独特性 ································ 18
4. 企业的合规性 ································ 18
5. 企业的适时性 ································ 19
6. 企业发展的可持续性 ································ 19

二、财务状况、盈利能力和未来预期 ································ 20
1. 做好内部财务控制与监督 ································ 20
2. 会计准则下的企业收入问题 ································ 21
3. 存货管理与财务报表公开 ································ 23
4. 财务账目应将关联方交易弄清楚 ································ 25
5. 财务信息公开 ································ 26

三、调整股权结构，实现资产布局合理化 ································ 26
1. 股权激励及其方式 ································ 27
2. 上市前股权激励时机的选择 ································ 28
3. 股权激励的好处 ································ 29

四、企业所处行业、经营范围和业绩 ································ 30
1. 企业所处行业和经营范围 ································ 30

2. 企业的经营业绩 ……………………………………………31

　　3. 企业文化对经营业绩的影响 ………………………………32

　　4. 民营企业的法人治理机构 …………………………………33

第三章　IPO之路，首发的艰辛历程 ……………………37

一、实施IPO，撬开上市之门 …………………………………39

　　1. 企业为什么要IPO …………………………………………39

　　2. 实施IPO可行的方法 ………………………………………40

　　3. IPO的流程 …………………………………………………41

二、借脑借智，机构帮你搞定烦琐程序 ………………………43

　　1. 如何选择券商 ………………………………………………43

　　2. 如何选择会计师事务所 ……………………………………46

　　3. 如何选择律师事务所 ………………………………………47

　　4. 如何选择IPO咨询机构 ……………………………………48

三、晒晒家底，尽职调查要水落石出 …………………………49

　　1. 企业上市前尽职调查概述 …………………………………49

　　2. 财务尽职调查的内容 ………………………………………51

四、发现问题，进行整改，确定方案 …………………………54

　　1. 实施财务尽职调查，找准存在的差距 ……………………55

　　2. 加强制度建设，规范财务管理的基础工作 ………………55

　　3. 实践中的启示 ………………………………………………58

五、腾挪跌宕，分拆重组和改制 —— 59
1. 股份制改造步骤 —— 60
2. 股份制改造主要内容 —— 61
3. 拟上市企业独立性的问题 —— 63
4. 同业竞争 —— 64
5. 关联交易 —— 65
6. 估值评估机构选择 —— 66
7. 改制契税减免 —— 67
8. 律师服务项目 —— 68

六、各种审批和审查，顺势而为，成就大业 —— 69
1. 弱化经营判断 —— 70
2. 狠查关联交易 —— 71
3. 细查代持及纠纷隐患 —— 71

七、步步为营，走好每一步流程 —— 72
1. 材料受理、分发环节 —— 72
2. 见面会环节 —— 73
3. 问核环节 —— 73
4. 反馈会环节 —— 73
5. 预先披露环节 —— 74
6. 初审会环节 —— 74
7. 发审会环节 —— 75
8. 封卷环节 —— 76
9. 会后事项环节 —— 76

  10. 核准发行环节 76

八、募股说明，给投资者以信心 77
  1. 招股说明书及其"概要" 77
  2. 招股说明书的编撰准则 79
  3. 招股说明书写作的注意事项 80

九、上市路演是一个好秀场 81
  1. 路演及其目的 81
  2. 上市公司路演代表案例 82

第四章 民营企业并购重组 87

一、并购重组开启快速发展之路 89
  1. 并购提升企业知名度和竞争实力 89
  2. 并购提高企业市场地位，赢得市场话语权 90
  3. 并购给企业带来成本和费用的减少 90
  4. 并购给企业带来绩效增加 91

二、并购重组的基本原则 92
  1. "法"和"规" 92
  2. 实效性原则 92
  3. 优势互补性原则 93
  4. 可操作性原则 93
  5. 系统性原则 93

三、制订全面的并购重组计划 95
1. 制订并购计划 95
2. 研究法律环境 95
3. 重视并购和管理团队的衔接和过渡 96
4. 注重并购后的企业管理整合 96
5. 加强企业文化的整合 97
6. 重视人力资源的整合 97
7. 并购前期做好论证工作 98
8. 民营企业境外并购需做好前期报告 98

四、并购重组的一般步骤和三个节点 99
1. 并购的一般步骤 99
2. 并购的三个节点 100

五、分析目标公司 106
1. 产业分析 106
2. 法律分析 108
3. 经营分析 109
4. 财务分析 109

六、选择目标公司 110
1. 目标公司的搜寻与识别 111
2. 目标公司的初步调查 112
3. 目标公司筛选四大基本原则 112
4. 选择目标公司的可行性分析 112

七、并购企业各种估值方法 ……………………………………… 114
1. 净资产价值评估方法 …………………………………………… 114
2. 持续经营价值评估法 …………………………………………… 115
3. 协同价值评估法 ………………………………………………… 116
4. 战略价值评估法 ………………………………………………… 117

八、PE估值法及对赌规则 ………………………………………… 117
1. PE估值法 ………………………………………………………… 117
2. 对赌协议 ………………………………………………………… 119

第五章　资本借鸡生蛋：买壳与借壳上市 …………………… 129

一、众里寻她千百度——怎样选择好的壳公司 …………………… 131
1. 壳公司市值大小 ………………………………………………… 131
2. 壳公司股本大小 ………………………………………………… 132
3. 壳是否干净 ……………………………………………………… 132
4. 壳公司迁址 ……………………………………………………… 133
5. 其他因素 ………………………………………………………… 134
6. 客观认识壳好坏 ………………………………………………… 134

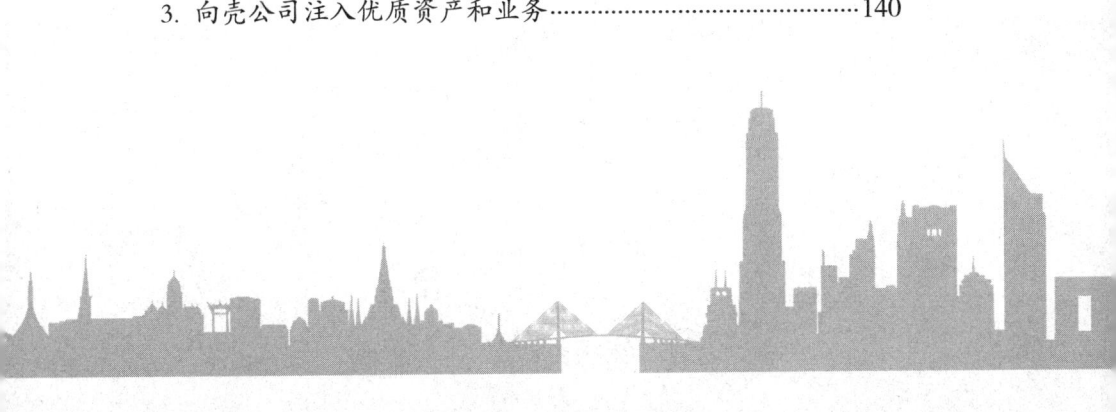

二、借壳与买壳 ……………………………………………………… 136
1. 买壳上市、借壳上市及一般流程 ……………………………… 136
2. 壳资源在哪里 …………………………………………………… 139
3. 向壳公司注入优质资产和业务 ………………………………… 140

三、与壳公司整合，三步搞定 ········ 140
  1. 做好宣传与公关工作 ········ 140
  2. 市场维护 ········ 141
  3. 董事会重组 ········ 141

四、资产和债务重组 ········ 141
  1. 债务的处理 ········ 142
  2. 企业历史遗留问题的处理 ········ 143
  3. 上市公司效益的提高 ········ 143
  4. 政府的角色定位 ········ 144

五、华丽转身，间接上市 ········ 145
  1. 申报与审批 ········ 145
  2. 企业重建 ········ 145
  3. 海尔借壳上市案例 ········ 146

第六章 资本市场融资其他途径分析 ········ 151

一、资本租赁与换股融资途径 ········ 153
  1. 资本租赁 ········ 153
  2. 换股 ········ 153

二、场外交易融资途径 ········ 154
  1. 新三板市场 ········ 154
  2. 上海股权托管交易中心 ········ 156

3. 新四版市场 156
　　4. 美国纳斯达克市场 157

三、其他融资渠道 159
　　1. 民营企业的增资扩股 160
　　2. 民间借贷 162
　　3. 企业拆借 163
　　4. 典当融资 163
　　5. 银行贷款 164
　　6. 银行承兑 166

参考文献 169

第一章
破解民企融资之困

步入资本模式
——民企上市之路

一、我国民营企业融资困境分析

中国民营企业是中国企业发展史上的一朵奇葩,是国民经济发展过程中一支不可忽视的力量。尤其是改革开放以来,中国的民营经济从无到有,从弱小到强大,在政府政策引导下,迅猛发展,对我国经济发展、创造税收、增加就业、拉动内需起着非常重要的作用。随着经济的迅速发展,民营企业融资困境日益凸显出来,已经成为制约民营企业进一步发展的"瓶颈"。

我国民营企业融资困境产生的原因不外乎两个方面:一是民营企业自身存在的问题,二是民营企业外部环境的问题。

1. 民营企业融资难自身存在的问题

我国民营企业融资难,其自身存在以下问题:

第一,管理水平低下。

多数民营企业存在的问题比较严重,管理模式仍停留在传统的企业管理方式上,企业制度更新严重滞后。在我国,大多数民营企业仍实行"家族式"管理的企业治理结构,缺乏长远发展规划。

由于制度更新严重滞后且缺乏创新,管理方式不科学,导致一部分民营企业不适应外部环境变化,经营出现困难,致使大量产品积压,资金周转率下降,利润水平也随之下降,此时对资金的需求则大幅度增加,于是对银行贷款需求大增。银行从企业管理水平及自身的风险考虑,会设置一定的融资障碍。

第二,信息不透明,合同意识淡薄。

由于许多民营企业财务公开信息不透明,信用意识淡薄;另外很多民营企业的领导者合同意识、履约水平和诚信观念十分淡薄,企业屡屡骗取银行信用,经常以"金蝉脱壳"之术破产废债,搞多级法人、虚假重组，借各种试点和转制的招数使银行债权虚置，加剧了金融机构的"惜贷心理"，影响了信贷投放的信心，加大了银行贷款风险，也影响了银行信贷资金的投放。

第三，人才机制不灵活。

由于不少民营企业重复建设严重，"家族式"管理混乱，优秀人才难以留住，管理人才严重缺乏，使得企业不能从战略拓展的高度来开发市场、经营市场，导致自己生产的产品缺少市场竞争能力，生命周期较短。另外，从企业负债与盈利情况看，民营企业负债水平整体偏高，盈利能力低下，严重影响了商业银行贷款的发放。

第四，产权不明确。

由于民营企业普遍经营规模较小，企业大都存在固定资产所有权、房屋等不动产的产权不明确，可抵押物少，且抵押物的折扣率高的问题，有的企业甚至只是租赁经营，更没有有效的资产可用于贷款抵押；而且，银行抵押担保评估登记部门分散，手续烦琐，评估中介服务不规范，对抵押物的评估往往不按市场行为准确价值评估，随意性很大，费用也较高，致使民营企业取得抵押担保贷款也非常困难。

2. 民营企业融资难外部环境的问题

我国民营企业融资难，其外部环境存在以下问题：

第一，政府的政策配套措施力度不够。

民营企业融资缺乏完善的法律法规及完善管理的支持保障，具体体现在以下几个方面：

一是立法不规范。目前按行业和所有制性质分别制定政策法规，缺乏一部统一规范的民营企业立法，概念重复模糊，造成民营企业身份遭到歧视、财产权利得不到保障、市场待遇不平等。

二是政府管理不规范，政策落实不到位。扶持、鼓励民营企业发展的政策措施不到位，有的政策法规没落到实处，或者在落实上打了折扣，尤其在民营企业成长的初期，政府对其实施的税收优惠政策、财政补贴政策和贷款援助政策多数是不到位或者打了折扣。另外，政府对民营企业的管理，涉及工商、税务、物价、环保、卫生、计量、质量监督等多个部门，在对民营企业的管理中，往往出现多个部门管理相互交叉、"多龙治水"的现象，严重增加了企业的负担。

三是在监督方面，有的政府部门未能很好地履行监督职能，致使企业本身行为不规范，出现粗放式生产，既浪费生产效率也对环境产生影响。

第二，金融机构贷款向大型企业倾斜。

银行在民营企业融资中的作用不能完全发挥出来，银行对民营企业贷款存在着所有制歧视现象。现行的金融体系中，国有商业银行占很大比例，其主要贷款给国有大中型企业，甚至宁愿贷款给经营不善的国有企业。银行认为，若贷款给国有企业，即使出现坏账还不了，责任在国有企业，风险损失由国家承担；若把钱贷给民营企业，如果产生坏账，责任要由自己承担。因此，国有商业银行对国有企业贷款比较慷慨，有时只看带有一个"国"字头即可发放贷款；对民营企业借贷，则设置规模限制，要求资产或者货物质押，有时候甚至还要求企业购买银行附加理财产品，这无形中增加了融资的成本。银行在面对民营企业的贷款请求，往往不予支持，即使在基层的商业银行贷款权限也受到严格的限制，信贷成本高，让民营企业望而却步，贷款审批程序烦琐。

第三，信用评价体系和信用担保体制不健全。

我国还没有建立起多层次的适应民营企业信贷需求特点的贷款担保或保险机制，同时也缺乏为民营企业提供信贷支持的辅助体系，从而导致商业银行基于规避自身风险的考虑而选择"惜贷"，这在客观上限制了民营企业的融资渠道和融资能力。同时，商业银行贷款管理严格，特别是国有银行商业化以后，银行实行企业化管理，尤为重视风险控制。民营企业由于自身的经济实力和财务管理人员素质不高等原因，会出现信用、信誉等方面的问题，从而达不到银行规定的信贷标准。银行对民营企业缺乏信心，又缺乏相应的担保机制，因而民营企业很难获得银行信贷的支持。

第四，资本市场门槛过高，证券市场发展不完善。

目前我国对证券市场实行"规模控制、集中管理、分级审批"的规模管理，债券发行的年度规模及各项指标均由国务院统一确定，目前中小民营企业还不能在资本市场上直接融资，只有为数极少的特大型效益很好的民营企业才有可能争取到上市的指标。

同时，国家对推出中小企业创业板市场慎之又慎，这种做法形成了对民营企业发展的软约束，严重制约了民营企业的发展。目前发行的债券主要集中于资产密集型项目投资，带有政府主导推动型色彩，且具有强烈的所有制歧视和高壁垒，这样就使得民营企业望而却步。另外，企业证券从诞生至今已有20多年的历史，但其发展形势却不尽如人意，突出表现在发行规模一直偏小、证券的种类单一、流动性差等，远不能满足投资者和企业的需求。

第五，融资渠道单一。

目前民营企业融资的主要渠道是银行，其他的民间融资机构由于缺乏足够的法律支持，金融业务风险较大，存在巨大的隐患，而且由于其融资成本较高，一般的企业难以承受增加的成本，所以多数民营企业不敢涉及。

由于民营企业的自身原因和外部原因，致使民营企业融资难成为当前困扰许多企业及企业家的问题。随着社会主义市场经济的不断完善，政府职能的转变，民营企业发展的融资环境也在不断得到改善。

特别说明的是，在后现代工业化阶段，产业技术创新、裂变的频率越来越高，而技术的生命周期越来越短，当高度敏感的民营企业家遇到稍纵即逝的市场机遇时，渴望得到的首先是资本。资本时代的资金是支撑所有企业正常运转的必然条件，资本不仅是企业的血液，也是产业创新升级的砝码。因此，民营企业必须进行资本运作，才能走出融资困境，实现新的发展！

二、激烈竞争，做大做强不是梦

改革开放30多年以来，我国经济日新月异，同时民营企业获得较快的发展，取得了举世公认的巨大成就。但国内的一些出口外向型企业，为了抢占海外市场，为了自身短期利益，完成出口任务拿到政府补贴和优惠，不惜"自相残杀"，大打价格战，拼成本，将产品低成本出口，试图抢占市场份额，扩大市场占有率。这种不负责任的恶性竞争行为，民营企业既是受害者也是始作俑者，破坏了市场生态环境，伤害了同胞公司，实在是得不偿失！

1. 造成民营企业之间恶性竞争的原因

我们通过多方调研发现，造成民营企业之间恶性竞争的原因有如下两个方面：

第一，扩大规模、创新不足影响竞争力。

在我国现阶段，民营企业的诚信度和其竞争力强弱之间不存在明显的正比例关系。民营企业尤其是中小民营企业的竞争力水平并不与其企业治理结构、产权结构的现代化水平成正比例关系。在企业发展的早期阶段，企业规模较小，现代化的治理结构和产权结构不一定是企业最合适的选择。企业并不因为是家族企业就没有市场竞争力，也并不因为实行了公司制改造就增强了竞争力。事实上民营公司治理结构与企业产权结构不尽合理，才是制约民营企业竞争力无法提升的主要原因。

目前我国大多数民营企业是家族控制型企业，父子管理、夫妻管理，还有兄弟姊妹一起管理，等等。家族集权模式的治理结构解决了内部信任问题，管理成本降低，同时也有助于小微企业实现更有效的管理和执行，因而在企业初创时期，这不失为一种简捷有效的管理模式，适应中国的国情，适应企业发展的实际需求。但从企业发展的长期战略上看，从进一步提升民营企业行业竞争力及其成长质量的角度上看，这种相对"原始"的企业组织结构和产权形态必将限制企业的发展。

要使家族企业继续保持强劲的活力和发展态势，就必须适当进行改革，按照企业发展的客观需求，适时地建立与现代企业制度相适应的管理模式。在这方面，只有选择合适的职业经理人来管理企业，才能更有效地配置企业资源，使企业获得新的发展生机。

现实之中，很多规模庞大、名扬天下的民营企业，竞争力指数评价并不是很高。原因在哪里呢？通过分析我们认为，这些民营企业主要是过多地注重"做大做强"，不断地进行横向并购和重组，而在考核企业利润的指标上，例如资产收益率、利润增长率等成长性的指标方面显得不足，这必然影响了企业的竞争力。

民营企业在发展过程中存在的另一个主要问题是因循守旧，创新能力不足。创新，已经成为企业不容忽视的大问题，创新能力不足是制约民营企业竞争力提升的首要因素。

创新是企业发展的原动力，是企业做大做强的基础因素，是企业关键的竞争优势。民营企业能够发展起来都是寻找到了适合的模式和产品，一旦形成生产力，且有相对较好的生产效益，就不愿意改变，所以，创新能力受到自身惰性的限制。由于民营企业的这种惰性，使得企业在一定时间内所提供的产品和服务保持不变，然而市场充满了竞争，缺乏创新的产品久之必然会失去市场和客户的认可。

第二，民营企业权益保护的法律体系不够健全。

近年来，我国依据市场经济的发展，制定了一些鼓励、支持和引导民营企业发展的法律法规，在一定程度上保障了民营企业的合法权益，也在一定程度上促进了民营企业的健康发展。

比如，2004年修订的我国最新版本的《中华人民共和国宪法》中就明确"国家保护个体经济、私营经济等非公有制经济的合法的权利和利益"，后来陆续颁布了《中华人民共和国中小企业促进法》《关于鼓励支持和引导个体私营等非公有制经济发展的若干意见》等法律、法规及国家和行业政策。

与国有经济以及外商投资企业的立法保护相对比，我国对民营企业权益保护的法律规定还比较滞后，不成体系，缺乏权威性和统一性。到目前为止，在法律体系中"民营企业"及"民营经济"的概念相对还不够完整，各个法律之间对民营企业的界定标准不统一。这些现象明显不利于民营企业在合适的法律法规保护下实现长期、稳定、健康和快速发展，也与民营企业和民营经济的发展现状和贡献不匹配。

2. 避免恶性竞争，增强民营企业综合竞争力

如何避免不必要的"自相残杀"的恶性竞争？如何增强民营企业综合竞争力，使之长远发展下去？我们有如下两点建议：

第一，加强法律规范系统化建设。

在立法层面上，国家立法机构应该尽快制定统一、完善的民营企业权益保障的法律制度，形成体系，形成规范。

国家立法机构要把那些目前分散在不同法律、法规、政策体系之中的有关鼓励民营企业、鼓励民营经济、保障民营企业和民营经济的合法权益的法律规范进行系统化，形成新的集中的针对民营企业和民营经济发展的法律法规。这一基本法律制度，贯穿民营企业的企业设立、产权界定、创业扶持、权益保护等诸多方面，引导民营企业和民营经济规范经营，加强民营企业财产和民营企业家人身安全的保护，为民营企业和民营经济发展创造良好的外部经济和法

律环境，更加有利于民营企业的长期稳定，以及民营经济健康快速发展，更加有利于国民经济的健康发展。

第二，打破贸易壁垒，实施市场准入。

贸易壁垒、市场准入也是限制民营经济发展和民营企业发展的主要因素，如何放开市场准入，合理优化社会资源配置，提高资源的使用效率？

保障民营企业和民营经济公平参与、公平竞争的合法权利，使之在资源和资本上以及社会地位上，享有与国有企业、外商投资企业相对平等竞争的市场环境；扩大民间资本的投资领域，拓展新的适合民营企业的融资渠道，允许民营企业进入除国家明令禁止经营外的各个投资领域，无论是以独资、合作、合资、参股、特许经营等多种方式，给民营资本一个合适的出口，加快资本市场规范化建设；与国际市场接轨，为国内企业特别是民营企业融资开拓新的途径和渠道，从而合理引导庞大的民间资本和众多的投资人以及民间投资机构，投资民营企业，为民营企业发展注入新鲜血液，激发行业活力，促进我国经济更好、更快发展。

三、资本汹涌，怎样走向资本市场

我国资本市场从20世纪90年代发展至今，已经发展成为由场内市场和场外市场两部分构成的多层次资本市场体系。在这20多年的中国经济发展和社会进步的过程中，资本市场起到了不可忽视的作用，而且这种作用正在与日俱增。在目前国家层面"调结构、稳增长"的经济发展目标下，民营企业如何走向资本市场？

1. 积极利用资本市场

目前，新三板、中小板、创业板为支持民资民企发展壮大做出了较为成功的尝试。有数据表明，民营企业的上市公司在我国的全部上市公司中占比超过50%。在沪深主板的上市公司中，民营企业占比仅仅为30.06%；在中小企业板上市公司中，民营企业占比76.18%，远远超过了国有企业；在创业板上市的公司中，民营企业占比95.92%，也远远超过了国有企业。

民营企业利用资本市场的途径有两个：一是上市，即IPO。二是如何利用资本市场做强做大，包括利用资本市场"走出去"。目前民营企业上市程序已经比过去简单得多，当然前提条件是运作规范。

随着民营企业不断发展和壮大，民营经济在资本市场中的地位不断提高，在资本市场中的规模也逐步扩大，加上目前国家对民营企业和民间资本的大力支持，资本市场将成为一个十分有效和便利的平台，来帮助民营企业的发展以及民间资本的投入。

2. 充分发挥民间资本的力量

在当前的经济发展形势下，民间力量将成为我国国民经济增速下滑阶段一个新的增长点和推动力。事实上，沪深主板和新三板为代表的中小板，民营上市公司的市场发展潜力、企业盈利能力、短期偿债能力以及长期偿债能力等诸多方面的表现，不次于国有企业及其他属性的上市公司。

原国家发展和改革委员会固定资产投资司司长王晓涛曾表示，民间投资将会是实体经济发展的主力军，但目前阶段让民间投资转变经济发展方式的任务显得重大而迫切。以制造业和服务业为主要投资方向和投资领域的民间投资，是中国实体经济发展的重要基石，但目前这种投资依然停留在低层次产业层面和产业链发展的低端，尤其是大量的高污染、高耗能、低技术含量的产业很多都是民营企业在经营。我国目前经济下滑压力巨大，正处在经济结构深度调整、发展方式加快转变的关键时期和攻坚阶段，这一调整必将会挤压部分民营企业的生存空间,给一小部分民营企业带来生存和发展的压力,但同时也应该看到,调整也是机遇,危机中蕴含着许多机遇,调整提供了产业升级和企业转型发展的重要历史性机遇。

尤其是近年来,我国民间投资在势头和规模上得到长足发展。民间投资增长速度比较快,占比有了很大的提高,但是由于政策原因和自身问题,民间资本仍然面临不小的问题亟待解决。对于那些已经初具规模的大型民营企业来讲,一直期望在基础性行业和领域的投资占比得到提高。对于那些规模还不是很大的中小型民营企业来说,融资难、融资贵一直制约着这些企业的快速发展。同时,受国内法律法规和市场等因素的影响,一些民间资本一度出现过罕见的漂移现象,有的成为游资对某些商品进行过度逐利炒作牟取暴利的手段,有的则转向所谓"赚快钱"的小额贷款领域或者投入到期货、股票和外汇等虚拟经济领域。

民间投资主体之间或者其与国有企业之间,可以共同出资设立有关股权和其他投资的投资基金,在政府许可的领域内有限度地参与国有企业改制重组,和国有企业一起共同投资战略性新兴产业,并依据需求合理开展境外投资。挖掘民间资本潜力,参与国有企业改制重组,推动民间资本合理发展,推动国家改革的不断深入,将推动中华民族实现伟大复兴的中国梦!

3. 选择中介机构,助力企业融资

民营企业融资怎样选择融资渠道,怎样操作,是决定融资是否成功的关键所在。在这方面,民营企业不应该把大量宝贵的精力和时间花在传统意义上的融资渠道上,民营企业还是应该把目光放开一点,多视角看问题,选择一个信誉较好的中间代理机构。

资本市场很复杂,民营企业家没有精力来操作这样的事情,而这些中介代理机构常年从事本项工作,熟悉行业情况和规矩,对目

前的金融政策、金融环境和融资氛围有相对深入的了解，能够帮助企业融资选择最佳途径。对于费用而言，各项服务费用一般情况下低于企业自身投入的时间和资金成本，又可以让企业安心地专注于从事企业发展。当然，选择合适的和有经验的中介机构就成了重中之重。

第二章
步入资本模式你准备好了吗

步入资本模式

——民企上市之路

一、民营企业步入资本模式的条件

民营企业的未来发展前景如何？所在的行业前景如何？企业能否在未来的发展期间内实现发展的巨大跨越，实现业绩和盈利的快速增长，实现企业在资本市场上市的最终目标？这些对于一个民营企业来说是至关重要的。

对于一个要进入资本市场的民营企业来说，应该在基本状况和发展前景上具备以下几点要求。

1. 企业主体资格的合法性

企业法人登记注册后，才具有民事主体资格，按照要求依法从事企业经营活动，确立与其他企业和经营主体的法律关系，其合法权益受法律保护，并接受登记主管机关的监督管理。企业法人登记是国家在法律上确认企业法人民事主体资格的必经法定程序，是国家赋予企业法人权利能力及行为能力的法律认可。

独立承担民事责任，即以企业法人自己所拥有的财产承担它在民事活动中的债务，以及法定代表人或企业的其他人员在法定代表人委托下所进行的民事活动中给他人造成损害的赔偿责任。

作为一个民营企业，必须有合法性，合法性是基础条件，也是企业生存发展的前提条件。民营企业的企业主体资格必须符合以下条件：第一，是依法成立的企业，按照规定，完成注册资金的缴纳，依法经营，有正常的主营业务活动，企业注册之后存续一定的足够长的时间。第二，企业有固定的经营场所，有稳定的员工队伍，主营业务清晰，领导班子相对较为稳定，企业股权结构完善，股权清晰，债权债务明确，企业活动正常。

2. 企业的成长性

任何资本市场对即将进入的企业的主营业务、企业利润、企业净资产等有基本的增长幅度要求。对于投资者来说，是看企业预期的发展；对于大多数投资者来说，一般认为年增长率在30%以内是低增长，年增长率达到50%以上算是高增长。企业发展的任何问题可以在快速增长中得以基本解决。

事实上，低成长高困难，高成长低困难，快速增长少困难，所以企业的增长速度，也就是企业的发展速度显得尤为重要。作为准备进入资本市场的民营企业，规划好自己的发展是第一步，实现快速增长和壮大，要把这个目标放在战略高度来对待。

3. 企业的独特性

任何即将上市的企业必须有其自身的特点，也就是有其独特性。独特性无疑是企业核心竞争能力所在。

独特性是独有的，是不可模仿的，也是很难超越的，与企业具有不可分离性，是企业文化的核心内容，与其具有紧密结合的内生性。比如，同为西服行业的培罗成、报喜鸟、雅戈尔和杉杉等企业，它们都是不同的，各有各的突出的特点。其中做得比较好的报喜鸟，是中国传统文化和西方服饰经典有机结合，是二者在报喜鸟品牌中无缝联姻，得以完美阐释和体现。虽然目前生产报喜鸟的企业规模尚小，处于成长期，但成长空间将会很大，发展预期不可限量。

4. 企业的合规性

没有规矩，不成方圆，对于即将上市的民营企业来说也一样。即将走进资本市场的民营企业，通过规范化上市流程操作，将民营企业的形式和内容统一到现代上市公司所必须遵循的相关法律法规上来。

特别是对于企业高管层，更要求思想上市在先，而后组织（企业）上市。任何的法律瑕疵和企业管理的瑕疵对于企业上市来说都是障碍，都会或多或少地影响企业上市的速度，甚至于使企业不能上市，丧失发展机遇。

5. 企业的适时性

企业上市每个资本市场都有一套严格的要求和规范。企业可依据自身的实际情况选择适合自己的资本市场。关于上市时机问题，在常规实行注册制的资本市场，一般不存在何时适合何种行业的企业上市的问题，但在宏观控制中实行核准制的中国资本市场，则存在一个时机问题。比如，在政府倡导节能减排、保护环境的今天，有关新材料、新能源、新工艺类企业就容易得到支持和上市。再如，在前几年政府连续出台几个一号"三农"政策背景下，与农业、农村和农民相关的产业也有很多企业上市。

时机是可以转换的，比如今天房地产行业受到比较严厉的调控，并不表示以后该行业没有机会再融资和上市。在紧缩中准备，方可在宽松时出手。作为企业家，应该牢牢把握国家政策的方向，看清经济发展形势，顺势而为，乘势而上，抓住机遇，把自己的企业做大做强。

6. 企业发展的可持续性

企业要长期存在，这个是上市的前提，只有存在了才可以谈预期发展。对于即将进入资本市场的民营企业来说，一定要清醒地认识到这一点。

围绕企业上市所有的审核关注点，都是朝向一个中心，就是企业的可持续生存和发展。证券监管部门不会允许一个不能持续经营的企业上市。中介机构对历史沿革、组织机构、竞争战略、企业文化、财务制度、会计核算、股权关系、资产（资源）权属关系、行业政策、工艺流程、业务技术、消费群体等尽职调查、谨慎核查，其最终目的就在于向投资者保荐一个机体运行健康和可持续发展的企业。假如连生存都难，谈何发展，谈何上市？

二、财务状况、盈利能力和未来预期

目前，有更多的民营企业希望将产品经营和资本经营有机结合，在更大、更广的领域寻求突破。这在客观上使得国内民营企业有了进入资本市场的强烈需求。但由于国内民营企业在创建之初，往往是以有限责任公司的形式注册成立，所以上市必须进行企业改制，改制成股份有限公司，在这之中会面对诸多问题。例如财务状况、盈利能力和未来预期等。

1. 做好内部财务控制与监督

民营企业要做好内部财务控制与监督，企业按照国家相关法律法规的规定，建立和完善公司内部财务管理的相关办法，健全和完善公司内部财务监督的相关制度。民营企业也要对其下属公司在财务资金的筹集和使用上、经营活动上，以及业务和账务往来、企业资产、生产成本、企业财务费用、企业利润具体分配等方面事务实行相对集中统一的自我约束和内部监督机制。

公司内部财务控制与监督机制既是公司财务管理体系的核心内容，也是公司经营和计划目标实现的根本保证，是公司战略发展的前提条件。财务管理是公司管理活动的重要内容之一，财务控制与监督活动渗透于公司管理各个环节和企业管理的全过程。公司的一切经营过程最后都反映为会计数据，反映到企业的财务报表上来，财务部门对业务过程最直接的控制与监督主要是通过核算来实现，对每一项收付和债权债务的发生都会在账面上反映出来，这本身就是一种最基本的控制与监督。

在当今社会主义市场经济条件下,各种利益主体趋向多元化,企业决策分散化,市场竞争的自觉性和自发性也已经有所体现。社会主义制度下的市场经济,给民营企业财务工作提出了新的更高的要求,财务部门必须严格依据国家相关的法律法规和与之配套的相关制度,及时、充分地揭示和反映市场状况,反映企业经营情况。对企业所涉及的每一项经营业务的办理,严格遵循授权、批准、经办、核算四个环节分离的原则,杜绝越权现象的产生,杜绝影响公司经济收益的经营,避免造成违规的风险。

民营企业的财务部门在监督与控制全过程中,以会计资料和原始数据为依据,以企业所在行业有关财经制度为基本标准,确实保证会计信息的真实、完整和准确。在民营企业经营过程中,建立健全各项规章,做好内部风险防范体系,有效防范各种财务系统的风险,控制经济活动在一定轨道内按预定计划目标顺利进行和实施,并及时报告发现的违法违规的风险事件。

只有切实加强民营公司内部财务控制与监督,才能维护企业利益,维护市场经济秩序,保持市场经济良性运转,培育和创造宽松的市场环境,以利于企业的发展;只有所有企业都做好了,才能保证国家财经纪律的落实,维护良好的经济秩序;才能确保企业资产在合理的范围内保值增值;才能确保民营企业资金的安全流通,有效地消除和避免存在的财务风险。

2. 会计准则下的企业收入问题

无论是国际会计准则,还是美国公认的会计原则及香港地区会计准则,都非常注重会计交易的实质,注重民营企业实际的经营和交易情况。这些会计准则具有很高的一致性,比如需确认与销售产品所有权相关的风险和报酬实质上是否已经转移,为实现销售收入所必备的工作是否已经完成,是否具有收取现金的权利,与交易相联系的经济利益是否可能流入公司,是否存在不合理的地方和违规行为。

在会计准则下,公司销售商品时,如同时符合以下四个条件,方可确认为收入:一是作为销售公司已将商品所有权转移给买方公司。这一商品无论发生任何形式的损失和风险,都与本公司没有关系,当然,这一商品所带来的经济利益也与本公司无关,这就是说这一商品的所有权已不属于销售商品的这家公司了。二是公司对已经销售的商品和服务没有管理权和实施控制的权力。公司出售了商品和服务,商品和服务的所有权转移给买方公司后,如仍然保留商品和服务的管理权,对商品和服务实施控制,则此项销售没有完成,依据会计准则不能确定销售收入。三是销售商品的价款是否已经收回或者是否有把握收回,也就是财务是否入账,是收入确认的一个重要条件。公司在销售商品和服务时,如价款没有收回,也不能算完成销售。四是公司在销售商品和服务的时候,商品和服务的售价事实上已经确定,但销售过程中由于突发的不确定因素,导致售价变动的情况出现,销售未完成就不能确定收入。

我国开始制定在股份公司之中执行《企业会计准则——收入准则》以及《企业会计制度》,该准则和制度从根本上与国际会计准则保持相对一致。各会计准则对于收入的判断标准,主要是相对传统行业而言的。随着经济的发展,新的业态不断出现,互联网带动了新的经济增长模式,面对经济发展中的新情况和涌现出来的新型产业,特别是IT行业、互联网行业,原来旧的会计标准显得过于滞后,无法涵盖新的销售模式,随着时代进步,会计准则也应该与时俱进,进行更新,以适应新形势的要求。因此,执行新的《企业会计制度》的股份制公司在准备企业上市时,对于一些特定行业和领域,以及特殊业务的收入,在收入的确认方法与原则上,应该依据具体情况及具体规定进行新的判断,并根据实际情况进行相应的调整和改善，既要不违背原则，也要适当灵活处理，以利于做好财务工作。

这里需要提请公司管理者注意的是与收入有关的重要协议、合同、预算等书面文件的规范及保管问题。这些合同、协议都是确认收入的重要依据，因此需要公司格外重视合同的规范并妥善保管，尽可能将合同的内容与条款予以细化。对于一些大金额的重要合同，还应考虑聘请专业人士协助草拟或进行复核。

另外，现在还有很多公司在账面明细核算的收入、销售成本均是开票销售的产品，若不开票则不在账内核算；销售收入也不含备件销售收入，相应应收款、应收票据不实。这样在上市之前，就需要根据真实的发货记录和应收账款明细账调整，要求在审计中将内外账已开票收入相互核对，并特别注意未开票收入和销售退回处理，将与销售业务有关的资料详细核对，如出厂审批单（有公司各部门领导和客户签字等详细内容）、产成品完工单、产成品发出资料等。

对于拟上市企业来说，企业营业收入的确认是企业上市之前所面临的一个重要的问题。准备上市的民营公司需要做好充分的思想准备，做好收入的调整和相应税赋的调整工作。

3. 存货管理与财务报表公开

作为一个单独的会计科目的存货，也是公司的重要资产之一，存货管理的好坏，也直接关系到公司的现金流，关系到公司的现金管理水平，关系到公司资产运作，是公司财务管理和资产管理中不可或缺的重要组成部分。但从目前国内企业的财务情况来看，与发达国家经营比较成功的国际大公司相比较，国内许多公司，无论国有企业还是民营企业，甚至国内已经上市的公司在存货管理方面依然有很大的差距。

我国企业从企业内部控制、企业管理制度、社会信息系统的利用和管理，以及第三方物流的利用和管理等多个方面和视角，加强对存货的管理。作为证券监督管理机构，也应该履行职责，在审核公司上市条件时，积极审核公司对存货的管理和控制，看看是否符合规范，并不断完善。

公司上市时作为公司准备的上市资料，公司最近3年的财务会计报表是主要内容之一，参加公司上市审计人员也会关注公司的存货管理，不过通常只进行最近一期的存货盘点，审计人员采取其他办法，确定存货账实是否相符。

证券监督管理机构对于存货盘点有不同的要求。比如香港联交所会要求审计师提供存货倒推的备忘录，要求在备忘录中对公司的存货内部控制情况进行详细的描述，建立完善的存货管理制度，打造好存货倒推基础。因此，在存货管理上如果公司失去有效控制，将影响存货倒推工作的顺利开展，影响审计报告及会计报告的顺利出具，影响到公司整个上市工作的进程。建议公司管理者在考虑公司上市的时候，应提前做好检查，检查其存货管理系统，检查公司的其他内控制度，如发现不足，应该针对薄弱环节及时地予以完善和补充。

目前申请上市的许多民营公司，在企业发展过程中，早在营运初期的财务报表中，出于对公司税务筹划的考虑，会通过改变会计估计和会计政策、扩大成本费用计列的范围、延迟销售收入实现等方式，合理避税。因此，企业一旦考虑上市，要将公司业绩作为一个衡量指标。为了财务指标的成长性，企业管理者要利用财政部门的一些优惠政策进行调整和操作，目的是为了增加利润。

公司在取得这些优惠政策的同时，也要考虑到地方政策的影响。由于地方财政税务部门一般是以特批等形式给予公司一些地方性行业性特殊的优惠政策，在政策性规定的协调性和衔接性上，这些特殊的优惠政策的合法性受到质疑，这些都会影响民营公司的上市进程。

还有的公司，为了上市的基本要求，公司的财务报表将根据会计准则相应地进行调整，在此过程中可能发现公司以前若干年度的会计差错和漏洞并要进行追溯调整，但公司以前年度的会计报表可能已经在其他会计师事务所审计并报税务等部门认可。因此，新的审计结果与以前税务等部门认可的结果如何衔接也是公司所面临的问题。

4. 财务账目应将关联方交易弄清楚

民营公司在其创立及业务经营中，对关联方的概念通常是很淡漠的。虽然现在各税务机关对于关联方关系进行了一些特别纳税调整事项等的强化工作，但是对于很多民营公司来说，对于关联方及关联方关系并不重视。由于关联方交易最可能和便于进行利润转移、虚报利润或费用等违规交易，因此，与关联方的关系、交易性质、金额、定价原则等方面的问题，则是各地证券监管部门最关注的问题之一。由此，当企业上市前，公司首先要将公司的产权关系明晰，认真确定业务和财务的关联方，财务账目上也应该将关联方交易弄清楚。

关联交易并非违规交易，可能会对企业的经营业绩造成重大影响。企业准备上市的时候，企业一定要按照会计准则的相应标准，重新审视企业的关联交易价格的合理性和有效性、关联交易行为的公允性，公司应对那些将费用转嫁关联方，通过虚假销售获取营业收入，利用关联交易实现企业利润转移，或通过一次性贸易交易、置换、剥离等改善报表内容和企业形象等明显的违规关联交易进行适时的规范性调整。公司一旦上市成功，就要将财务和业务上的所有关联方交易及关联交易中相应持续性和定价原则等资料在招股说明书和会计师报告中予以充分的披露。审计师每年必须要了解关联方交易的相关情况，审议管理层定价原则、合同履行情况、审批及累计交易金额等，看关联交易是否超过限额，并及时向公司独立董事及监事会和上级监管部门进行汇报。

5. 财务信息公开

与国际会计准则相比，我国会计准则对于上市企业只要求公司披露一些相对粗略的财务信息和企业管理信息。

民营公司在资产减值准备的计提、固定资产折旧政策、递延税款、公司高级管理人员薪酬管理等多方面财务会计的问题上也应该按照规划操作。公司所有者和管理者应早做安排，做好预防工作，未雨绸缪，聘请企业外部律师、审计师和券商机构的专业人士，共同帮助拟上市公司完善公司内部控制的相关制度，规范企业财务会计核算制度，使上市工作能够步入正轨，按部就班地顺利进行，并在计划指导下最终完成。

特别强调指出的是，诚信是公司的金字招牌，是公司上市的基础。诚信内容丰富，其中包括业绩和业务、财务数据以及企业所有交易。一旦企业在诚信上出了问题或者受到质疑，企业上市就会变得非常困难。

总之，企业做好上市前的内部财务控制与监督，以会计准则为依据明确公司收入，做好存货管理与财务报表公开，财务账目中要弄清关联方交易，做好财务信息公开工作，才能使企业符合上市要求。实现财务管理制度化、规范化和科学化，对企业上市来说是重中之重，至关重要。

三、调整股权结构，实现资产布局合理化

我国的民营企业和民营经济经过30多年的发展，目前已经走过没有约束的野蛮生长的阶段，逐步纳入正常的程序，步入正轨。第一代民营企业家已经实现了个人和家庭的财务自由，时代变迁，家

族企业的第二代甚至第三代也逐渐走向前台，开始执掌企业的帅印了。对于那些一起从"草根"干起来的企业管理者们，攻城略地的销售骨干和精英们，多种渠道聘来的职业经理人们，如何把他们留住，平稳地辅助下一代开疆拓土，甚至把公司交给这帮一起打拼的人们，解放自己的下一代，将他们去做想做的事情，这就需要进行适当地制度设计，将他们的利益和公司的利益紧紧地结合在一起。其中，最有效的方法就是股权激励。通过股权激励，让他们与企业荣辱与共，生死相依，成为利益共同体，企业的得失事关他们的利益，事关他们的收益和未来。做好股权激励，合理调整股权结构，以此做好资产布局，对于那些有上市计划的民营企业来说有比较高的参考价值。

1. 股权激励及其方式

什么是股权激励呢？对于企业来说上市前股权激励的方式有哪几种呢？

股权激励，是企业管理者用企业股权来激励经理人和员工的方法。企业可以将公司的股权以多种方式派发给公司的骨干人员，让他们的长远利益和公司的长远利益及发展目标尽可能一致，从而留住这些公司的核心人员为公司继续效力，保持公司的业务稳定和持续增长，也能实现核心人员和企业领导者共同富裕、公司基业长青的目标。

公司上市前如果对核心员工实施新一轮的股权激励，对于提振全体员工士气和斗志，统一思想，把精力集中到企业上市这一战略目标上来，有着十分重要的作用。众志成城，大家劲往一处使，共同实现企业上市的预期目标。

一般来说，企业上市前实施股权激励的方式有以下几种：

一是直接股权激励，即让那些被激励人员直接成为公司的股东之一，经过更改工商登记资料生效。这种办法操作简单，激励效果极强。但是也有缺陷，核心员工在拿到股权以后不辞而别，却仍然可以留在公司股东之中，这在法律上是成立的。所以这种方法有一定的局限性，除非是对一起创业、在一起摸爬滚打多年、经历风雨和挫折忠心耿耿的老员工，对那些为公司发展做出一般人无可比拟的贡献的人，对于其他的员工，一般不提倡运用这种办法。公司一旦计划上市，如果此时公司的直接股东发生变化，会对上市工作造成不利影响，使民营企业的上市进程产生波折。

二是间接股权激励，即公司设立持股平台，将公司一部分股权注入公司成立的平台，注入方式为通过增资或转让，转让这些股权成为这个平台的资产。然后公司的员工成为这个平台的股东或合伙人之一，合伙人通过增资或者转让的方式获得股权，从而间接获得公司的股权。这一方式可以实现员工持股和企业领导者控制公司股权的有机结合，企业的领导者获得51%的股权保证领导者的投票权，掌控这个公司的发展，其他被激励人员可以通过持股获得收益。这种操作较为烦琐，会计成本也会增加，激励效果和直接激励也不完全相同，会降低一些。

三是虚拟股权激励。这种方式只适用于大型上市公司。虚拟股权激励是建立奖金计划，和公司运营的某些指标（例如公司业绩增长、公司股价、公司的净利润增长率等）挂钩，上述约定条件实现，公司受激励的员工可以获得相应的现金奖励。

2. 上市前股权激励时机的选择

上市前股权激励时机的选择十分重要，必须顺势而为，相机而动。

股权激励当然是要在上市前做，不能太晚，但也并非越早越好，所以如果员工直接持股直到报材料以后，此时再发生离职退出的事情，那么会给企业和中介机构带来很大麻烦。实施股权激励的时间太晚，上市工作已基本完成，则相当于直接给高管"摘桃子"，起不到真正的激励作用，因此进入报告期时进行股权激励是比较稳妥的做法，入股到解除股权4~5年，长度也算比较适中。

企业对员工的激励就像政府对宏观经济的调控一样，要一步步来，稳步推进，不能一次性把底牌摊开，也不能把所有能力一下子全部释放出来；而是要分批次实施，分职级高低进行不同的股权激励，花更少的钱或者是股权，发挥更好的激励效果。把企业的每一份股权、每一分钱都要用好，发挥最大的作用。达到企业预定的目的和效益。

公司在发展过程中经营上难免有起伏波折，难免有高峰低谷，这期间总会有员工以这样或者那样的理由和想法而离开公司，那么这就需要企业在制定激励政策之初事先与享受公司股权激励的人员订立攻守盟约，约定提前退出的机制和方式，并形成文件，还可以协商按照同期贷款利率付息退股，或者按照约定执行，从而最大限度地减小公司的损失。

3. 股权激励的好处

对于拟上市企业来说，股权激励的好处都有哪些？

首先，企业上市前对员工进行股权激励利大于弊，对企业未来发展和长远稳定，实现企业战略目标都有好处。

其次，根据员工的忠心程度和员工对企业发展的贡献大小分别给予直接股权和间接股权激励，这也体现了公平、公开、正义的原则，不让功臣寒心，不让为企业出力的人寒心，这也是调动企业员工积极性和创造力的有效手段。

再次，如果领导者股权过分集中，企业可以考虑实行有限合伙制，这样可以降低企业成本。如果企业领导意在控制企业股权，以避免股权分散，影响决策执行，那么可以按照有限公司模式运行。

最后，激励可以小步走，分多次实施，第一年实施一部分，以后逐年进行。如果企业发展良好，那么第二年公司利润会更好，保持同样的市盈率，入股价格就会提高，企业的高层管理者和员工也更愿意参与。

总之，民营企业在上市之前进行股权结构调整，实施股权激励，实现资产布局的合理化，对于企业上市有很大的推动作用。

四、企业所处行业、经营范围和业绩

企业所处行业、经营范围和业绩对企业上市同样具有重要影响。比如经营范围，不同的企业都有不同的经营范围。一般来说，经营范围是指国家允许企业生产和经营的商品类别、品种及服务项目，反映企业业务活动的内容和生产经营方向，是企业业务活动范围的法律界限，体现企业民事权利能力和行为能力的核心内容。另外，企业的经营范围和企业的业绩也是密切相关的，也会影响到企业上市。

1. 企业所处行业和经营范围

企业所在的行业领域对企业发展有着很大的影响。如果企业属于新兴行业，则前途无量；如果所处行业为低迷行业，企业同样会受到行业发展的制约，举步维艰。比如近几年的钢铁行业、电解铝行业、水泥行业、煤炭行业等。

每一个行业都有其发展的规律，都有其成功的关键因素。因此，客观准确地了解和判断一个民营企业的产品和服务处在哪一种行业之中，根据企业实际状况正确地划分企业的经营活动范围，摸清企业所在行业独特的发展规律，对于指导企业发展的战略目标十分重要，也是企业发展的基本的判断依据。作为企业自身也应该弄清楚其产品和服务处于哪些行业？处于行业的什么水平，中等水平还是行业内的领导者？这些都对企业发展有很大影响，做到知己知彼，才可百战不殆。

对含义的界定有时并非那么容易，对企业进行战略研究的时候，准确客观地对行业分类也非易事。比如，生产和销售塑料编织袋的企业应划为哪一种行业呢？它可以为化肥工业生产，也可以为其他诸如面粉企业、水泥企业生产，也可以为需要编织袋包装的工业企业生产。我们应该深入了解行业特征，了解构成这一行业的企业性质特征，对企业所在行业发展情况进行调查与研究，了解历史，理清脉络，对企业决策大有裨益。

行业的形成和发展一般都要经过复杂的历史演变过程，伴随着社会的变革以及众多的影响因素，行业成长和发展有其固有的特点和周期性。某些行业结构的变化、行业的危机与目前行业的发展状况相关联。一个国家和地区的政治、经济、社会文化环境以及法律的总体历史演变进程，对企业所在行业的发展都有影响，对企业行业的发展规律和周期都会形成影响力。

以企业所在行业为依托，把握行业的关键数据，把握所在行业的表达方法和行业发展特点，发挥企业的行业作用和影响力，对企业发展十分重要。

企业所处行业的特点，成为企业的生存、发展和赢利的关键因素。每个行业都有其独特的运行规律，都有其独特的逻辑方式。各行业的限制、机会和风险并不完全一致。

2. 企业的经营业绩

企业的业绩与企业所在行业和经营范围有着十分密切的关系。不同的行业发展规律不同，盈利能力不同，毛利润率不同。

在按一定标准划分的各类不同的企业中，有的企业处于行业领航者的位置，有较高的增长速度和最佳利润，在本行业中有自己的话语权和主导权，起关键作用。一个企业实现利润的水平与其在行业内的作用大小是正相关的。企业应该清楚自己的位置，清楚自己在行业中的地位，清楚自己未来的定位，清楚行业发展的脉络，清楚行业发展的契机和机遇。

一切经营活动的最终结果就是业绩的呈现，没有业绩就是经营无效。企业在经营范围内做出业绩，才能为企业在资本市场的发展提供机会。业绩是企业发展的前提和基础，没有了业绩也就没有了基础，发展则成了无源之水，无本之木，是没有任何意义的东西。

经营业绩直观地反映了企业的经营活动，这些经营活动带来企业财务状况与企业的经营成果，是公司财务会计报表的真实公允的数据依据，并以资产负债表、利润表及现金流量表等体现出来。这三大报表不考虑任何可控或不可控的因素，只考虑企业经营的最终结果，因此可以据此客观地对企业业绩进行评价。

企业的经营业绩是对公司经营活动的静态评价，客观地反映了企业经营活动的结果和事实，以企业经营的实际情况为准，不应有任何的主观色彩。企业经营业绩不仅是企业行为的最终结果展现，也是检验现代企业制度成功与否的重要标志。

3. 企业文化对经营业绩的影响

企业文化是企业发展过程中形成的，是影响企业经营成果和业绩的重要因素之一。企业文化是以企业管理哲学和企业精神为核心，凝聚企业员工归属感、积极性和创造性的人本管理理论体系，是企业价值观的具体表述，是企业精神的重要体现。

优秀的企业文化对企业发展有巨大的推动作用，对于提高企业经营业绩也有不可忽视的作用。优秀的企业文化能够使员工获得充分发挥聪明才智、不断实现自我的优越文化氛围。鼓励创新，支持变革，是一切优秀企业文化的鲜明特点。在积极向上的企业文化环境中，员工心情舒畅，自我能力就能充分发挥出来，自我价值就能顺利实现，自我人格就能得到完善。优秀的企业文化能激发员工的潜在能力，使之充分发挥主动性和创造性，大大提高工作效率和工作质量；可以形成强烈的使命感和持久的驱动力。

企业员工越是认识到行为的重要意义，行为的社会意义就越突出，越得到认可，就越能产生这一行为的原始的推动力，促使其完成自己的行为，并强化这种行为。企业倡导企业精神的过程中，正是帮助企业的员工认识到工作的意义，认识到工作的重要性，激发其工作动机和动力，从而有效调动员工的主动性和积极性。优秀的企业文化能够充分挖掘智力资源的潜能，发挥主动性和创造性，提高工作质量，提升业绩水平，提高企业的经营业绩。

走向资本市场的民营企业，一定要在自己的经营范围内创造良好的经营业绩，这是企业存在数十年的基础和前提，也是企业创造经济价值和社会价值的体现，是企业赢得市场认可的基础。作为即将进入资本市场的民营企业，搞好企业文化建设，使其发挥应有的作用显得尤为重要。

4. 民营企业的法人治理机构

所谓法人治理结构，是指现代企业所应具有的规范化、科学化的企业管理制度和组织制度。主要包括由股东会、董事会（包括总经理层）和监事会。

科学有效的法人治理结构，一般具有两个重要特征：一是股东是企业的出资者和拥有者，通过股东代表按出资比例（股权比例）行使表决权和决策权，参与公司的重大事项和重要投资项目的决策，充分体现了股东作为企业主人翁的地位；二是企业内部权力机构（股东大会）、决策执行机构（职业经理人团队）和监督机构（监事会等）相互制约、相互平衡，企业所有者、经营者和生产者的权责利分明，相互制约又各自独立，企业内部有约束机制和激励机制，在保障所有者权益的同时，赋予企业经营者（作为执行机构的职业经理人团队）以充分的经营自主权，监事会对董事会负责，监督执行团队的工作。

事实上，法人治理结构就是明确各自责权利关系。在这方面，我国《中华人民共和国公司法》（以下简称《公司法》）中对董事会、股东会、监事会的责权利做了规定。

《公司法》第四十六条董事会对股东会负责，行使下列职权：（一）召集股东会会议，并向股东会报告工作；（二）执行股东会的决议；（三）决定公司的经营计划和投资方案；（四）制订公司的年度财务预算方案、决算方案；（五）制订公司的利润分配方案和弥补亏损方案；（六）制订公司增加或者减少注册资本以及发行公司债券的方案；（七）制订公司合并、分立、解散或者变更公司形式的方案；（八）决定公司内部管理机构的设置；（九）决定聘任或者解聘公司经理及其报酬事项，并根据经理的提名决定聘任或者解聘公司副经理、财务负责人及其报酬事项；（十）制定公司的基本管理制度；（十一）公司章程规定的其他职权。

《公司法》第三十六条规定，有限责任公司股东会由全体股东组成。股东会是公司的权力机构，依照本法行使职权。总经理层（职业经理人团队）是执行机构，执行董事会的决议，对董事会负责。企业生产经营活动实行总经理负责制，企业生产经营活动由总经理全面领导和统一指挥。

《公司法》第四十九条规定，有限责任公司可以设经理，由董事会决定聘任或者解聘。经理对董事会负责，行使下列职权：（一）主持公司的生产经营管理工作，组织实施董事会决议；（二）组织实施公司年度经营计划和投资方案；（三）拟订公司内部管理机构设置方案；（四）拟订公司的基本管理制度；（五）制定公司的具体规章；（六）提请聘任或者解聘公司副经理、财务负责人；（七）决定聘任或者解聘除应由董事会决定聘任或者解聘以外的负责管理人员；（八）董事会授予的其他职权。

监事会是公司的监督机构，监督公司运行情况，及时发现出现的问题，对股东会负责。依据《公司法》的相关规定，监事会、不设监事会的公司的监事行使下列职权：（一）检查公司财务；（二）对董事、高级管理人员执行公司职务的行为进行监督，对违反法律、行政法规、公司章程或者股东会决议的董事、高级管理人员提出罢免的建议；（三）当董事、高级管理人员的行为损害公司的利益时，要求董事、高级管理人员予以纠正；（四）提议召开临时股东会会议，在董事会不履行《公司法》规定的召集和主持股东会会议职责时召集和主持股东会会议；（五）向股东会会议提出提案；（六）依照《公司法》第一百五十一条的规定，对董事、高级管理人员提起诉讼；（七）公司章程规定的其他职权。

在企业法人治理结构中，《公司法》界定了横向的职权关系，对上述董事会、股东会、监事会三个层面机构的职责和权力利益做出了界定。这个界定，有利于企业各项经济活动的顺利推进，也有利于企业形成一个合理的、科学的、有机的利益共同体，确保企业良性运作，实现企业健康发展，创造良好业绩，创造社会价值和经济价值。

民营企业完善企业法人治理结构，规范企业管理，建立现代企业制度，对企业业绩无疑具有重要影响。这是摆在民营企业家面前的重大课题。

第三章
IPO之路,首发的艰辛历程

步入资本模式

——民企上市之路

一、实施IPO，撬开上市之门

IPO是英文"Initial Public Offerings"（首次公开募股）的简称，是指一家企业或公司（股份有限公司）第一次将它的股份向公众出售。实施IPO，可以撬开企业上市之门。

1. 企业为什么要IPO

企业为什么要上市，这一直是个值得深入研究、探讨和琢磨的问题。这里我们主要从规范管理、企业价值提升、满足风投退出要求的角度来阐述企业上市的原因。

如果这个企业发展得很好，前景很好，为什么要拼命卖给别人呢？如果企业发展得不是很好，那上市就是圈别人的钱。上市是一个产业链，企业、资本中介、投资人和股民，都会参与其中并期望从中得到较高的收益。这是上市合理性的常见论证。

上市公司将接受公众和监管部门的监督，按照法律的要求安排公司的治理模式，公司要有董事会、监事会、股东会这些组织架构，按照上市要求向公众披露重大的决策，按照证监会的规定，一些重大的决策需要按照法律程序由股东表决通过。

公司治理的理论源于国外，这种治理的模式中自然会掺杂一些外国的商业因素。根据国外一些统计机构的统计，结论概括为：私有制企业效率一般会高于公有制企业；董事会和管理层权责分工较为明确的公司效率要优于管理决策分工不太明确的公司；完全公众公司的效率略微优于家族制公司。

这些统计的主要指标是资本回报率以及股票收益的样本内容。其中有两个结论值得关注：一是规范的治理模式确实能够提升企业管理效率，但是这个提升是统计学意义上的效率提升，对于个案而言未必会是这样的，同时，这个提升非常有限，也并不是十分显著；二是公司上市和公司的管理更规范不能完全等同，上市公司都按照证监会要求和相关的法律规定，进行了董事会、股东会、监事会的设置，但是只有董事会和管理层的职责明确、分工合理科学的公司才能体现出管理上的优势，同样，这个优势也并不是企业十分显著的优势。

公司治理制度做得最到位的是国有企业，国有企业的层级和管理功能的分工遵循法律的规定，然而国有企业的效率一直饱受诟病，主要的是管理成本太高，其管理不够灵活。

从某种程度上说，如果一个企业不要求上市，那么即使有风投投钱，价格一定是按照净资本溢价估值，而不是现在的PE估值法，风投的入股溢价将大幅降低，因为没有退出渠道，只能等着分红。

天下没有免费的午餐，如果要接受理想的融资，就要付出相应的代价。这也是上市的一个优势（或者说是打算上市的一个优势），即企业在发展的关键期可以获得风险投资的大量资本，用于增强公司的盈利能力，使得公司在短期内通过资本的力量实现快速的业务扩张。

2. 实施IPO可行的方法

通常，上市公司的股份是通过经纪商或做市商进行销售，符合证监会出具的登记声明中的约定或招股书的相应条款。一旦首次公开上市完成后，一般来说，这家公司就可以申请到报价系统或证券交易所挂牌交易。以有限责任公司命名的公司在申请IPO之前，必须按照要求进行股改，变更为股份有限公司。

另外，还有一种可行方法，获得在报价系统或证券交易所挂牌交易，是在招股书或登记声明中的条款进行约定，允许私人民营企业公司将它们的股份向公众销售，获得资本支持。这些股份是"自由交易"的，从而使得这家企业达到在报价系统或证券交易所挂牌交易的基本要求和条件。大多数报价系统或证券交易所，对上市公司有着硬性规定：拥有最少自由交易股票数量的股东人数。

希望上市的民营企业，如何迈出第一步？首次公开募股的操作和完成就是企业上市的第一步。

新股竞价发行，须由主承销商向证券交易所提出申请，申请前必须持有中国证监会的批复文件，经证券交易所审核后组织实施新股竞价发行。发行人至少应在竞价实施前的2~5个工作日，按规定要求公布招股说明书及发行公告。这些发布内容必须在中国证监会指定的报刊及企业所在当地报刊公告。凡个人或者机构（投资者法律、法规明确禁止买卖股票者除外）只要持有证券交易所股票账户，均可参与新股竞买。尚未办理股票账户的投资者可预先办理登记，通过各地登记代理机构及交易所证券登记结算机构办理登记，开立股票账户，并在委托竞价申购前，在股票账户内存入足够的申购资金。

3. IPO的流程

企业上市的基本流程如下：

第一步：确定企业发展规划，明确企业上市的主要目的。由企业股东会形成决议文件。认识到企业上市的优点和缺点，并进行发行市场分析，选择合适的发行时机，等等。

第二步：聘请国内IPO财务顾问及其他国内顾问（也就是常说的"三所一券商"）。具体包括以下几项内容：一是挑选财务顾问并签订协议。聘请优秀的财务顾问是成功上市的重要一步，企业一定要依据所在行业和企业自身发展情况，做好这一步，并按照证监会和《公司法》要求组建公司的筹建小组。二是制定企业上市全程规划。三是选择上市顾问机构（律师、会计师、资产评估师、券商）并签订协议，明确服务要求。

第三步：与顾问机构协作，拟定并实施企业改组方案。具体包括以下几项内容：拟定企业股份制改造方案，取得上级机构和主管部门的批准文件；向工商局申请公司名称预登记，取得批准文件；向国有资产管理机关递交资产评估申请报告，取得立项文件；资产评估师评估资产，编制评估报告书；资产评估报告书上报国有资产管理机关，取得批准文件；取得重要合同协议、各种产权证书；律师界定认证业主及产权；会计师审计主要发起人前3年会计资料，编制"模拟会计报表"，提出审计报告书。

第四步：筹建股份制公司。具体包括以下各项内容：编制设立股份公司的可行性报告；编制发起人协议书，邀集发起人，认股并签定协议书；取得各发起人及其法定代表人的营业执照复印件、简历表，以及决定入股的董事会决议文件；拟定公司的注册资本，股份发行额和未来3年利润；编制公司章程，各发起人盖章；会计师审核公司上市后未来3年的利润，提出审核意见书；编制招股说明书、招股说明书摘要，编制股份募集方案；发起人缴纳股金，取得会计师提出的验资报告书；确定公司常年财务顾问、法律顾问、证券托管机构；汇总复查文件、批文及各种证书；律师认定，提出法律意见书。

第五步：股份制公司成立。包括以下几项内容：公司创立会批准公司章程；律师认证公司决议文件；选举董事会、监事会；任命公司高级职员；董事会通过上市议案；会计师提出新公司验资报告；新公司注册登记领取营业执照。

第六步：上市辅导。具体包括以下几项内容：确定上市承销商与推荐人，与上市推荐人签订辅导协议；证监会派出机构专项负责；上市推荐人对公司进行辅导操作；推荐人进行尽职调查，提出股份公司运行报告；证监会派出机构核准运行报告。

第七步：路演及股票发行上市。

第八步：上市申请与核准。

二、借脑借智，机构帮你搞定烦琐程序

IPO是条漫长的路，对于从事具体业务的公司来说是个复杂的过程，程序烦琐，企业必须借助外力，选好券商和其合作机构，做好上市辅导。那么，怎样才可以使企业上市之路走得更顺利？

借助专业机构来操作IPO过程，能够确保企业顺利上市。有限责任公司在申请IPO之前，应先变更为股份有限公司。通俗地讲新股上市，就是公司的股份可以在市场自由流通。

根据目前证监会的相关规定，拟上市的公司IPO必须聘请的中介辅导机构包括券商（包括保荐人和承销商两种，通常为同一家券商）、会计师事务所、律师事务所。另外，根据企业的实际需要，还可能要聘请专业的资产评估机构、IPO咨询机构等其他中介机构来辅助完成企业上市工作。

1. 如何选择券商

券商选择对于即将上市企业的流程操作和最终结果来说至关重要。现在信息时代，关于券商的信息很多，一定要选择适合的。首先要了解券商新股"包装"能力，了解并比较发行费率。一般小券商会给你较多优惠，但因"包装"能力差，会耽误很长时间。建议是看券商的过会率、知名度和信誉度。

券商在保荐阶段居于领导地位，其主要作用是在尽职调查的基础上，协助公司完成改制与上市总体方案的编制，组织协调并主导多个中介机构的协调会，协助公司完成立项审批，协助募集资金投资项目，协调公司与政府关系，协调其他几个中介机构，督导他们及时完成工作任务，完成对公司高管层的上市辅导和其他工作，最终完成编制"招股说明书"并出具对企业上市的"保荐书"。

选择合适的券商来操作企业上市，对于企业成功迈向资本市场是非常关键和重要的一步。要依据企业的需要，选择适合的券商，持续专注于创业板和中小板上市的券商，就会成为中小企业IPO选择的目标。锁定券商范围之后，券商团队也很重要，应深入了解保荐团队带头人的社会资源及其协调能力以及团队成员的状况，团队之中主办人员的从业经验和业务能力，团队的业绩和相关的项目经验，团队的运作特点，团队的成功经验，等等。由此可见，保荐团队的重要性不亚于券商本身。还应该了解券商的保荐与承销收费标准以及券商的重要业务风格等。

企业上市的费用与企业所上市的市场有关，也与券商的收费标准和服务水平有很大关系。创业板及中小板的保荐费用不是固定的，一般在100万元～300万元，这要看券商的知名度高低，公司的上市工作量及上市难度，公司信息对称程度及谈判技巧，等等，这些都会对费用有不同的影响。保荐费一般按照合同约定可分阶段支付。

公司无须动用自有资金提前支付承销费，从实际募集到的资金中按约定的比例扣取。主板和中小板以及创业板的比例不尽相同，一般来说，募集资金数额越大，收费比例会适当降低，募集资金越少，收费比例相对越高。最低的收费也在3%以上，最高的收费达到8%左右，平均在5%左右。

目前企业对券商的选择主要遵循以下五个原则：

第一，符合资格原则。

古人云："没有规矩，不成方圆。"证券公司也一样，国家有一系列管理办法来管理我们的券商公司，券商公司开展工作必须具备相应资质。按相关规定，券商保荐资格必须具备一定条件，中国证券业监督管理委员会只受理它们批准的具备保荐资格的券商所提交的证券发行上市推荐文件。因此，企业在选择券商的过程中，要审查券商的营业执照等文件并查看相关条款，鉴别券商保荐、承销资格。具备资质的券商，根据人员素质、资金实力和从业经验等，分为规范类、创新类和其他类。企业选择券商时，为规避券商自身的资格发生变动给企业上市带来的风险，应选择创新类和规范类券商，并最好选择创新类券商。

当然，现实之中，事物是不断发展的，券商发生一些变化也属正常的事情，所以公司要选择有资质的券商，对券商的发展变化应该及时注意，并根据变化情况，对企业上市做出调整。

第二，规模对位原则。

随着市场不断发展、不断完善和逐步细分，券商的分工越来越明显，越来越具体，有些券商主要侧重做大项目，如中金证券、银河证券等，有些券商专注于中小企业，如国信证券等。在激烈的市场竞争条件下，投行业务会越来越向少数几家保荐机构集中，这一明显的趋势在中小板上已有所表现。作为民营企业，应选择实力较强、信誉良好、经验比较丰富、精力相对充沛的中介机构来辅导企业上市。

具体来说，主要看券商的注册资本多少、保荐人数量多寡，券商企业的规模大小；券商的信誉度和美誉度，即看券商的过去工作质量、诚信情况、服务态度和客户反馈情况，包括券商是否受到过证监会的处分；券商工作的经验度，即券商对某个行业熟悉程度，是否辅导过类似的公司上市，承担该行业项目数量多少，从业人员经验水平如何，等等。

第三，费用合理原则。

对于企业发行上市工作来说，选择合适的投行和券商是关键一步，上市所支付的费用也要合情合理。可参照整个证券市场的行情，参照其他类似企业上市的收费水准，结合公司自身承受能力和自身发展的状况，确定应该支付的费用范围。

一般而言，历史沿革长、规模大、架构比较复杂的企业支付的费用相对高些。在某种程度上讲，一分价钱一分货，支付多少费用，券商会为本企业上市提供多少服务，支付费用高，服务质量可能会高一些。按照收费合同的约定，费用一般可分期支付，按期支付费用对于双方的工作都有利。合作过程中，逐步了解、相互适应、互相协作、相互改变、互相配合，共同达成目标，最终以费用作为调节的工具，实现双方"良性互动"，并体现在发行上市的时间、企业改制、效率和成功率等几个方面。

第四，竞争原则。

企业上市，在选择券商的时候，可以在多家投行和券商之间进行招标，从中选择一家入围中标。

企业应向多家券商发出要约，根据公司上市的具体要求，要求各得到邀约的券商和投行机构在投标时，拿出具体的操作方案和工作程序。这样给企业提供了有用的上市信息和相关的上市知识，企业可以排除不适合要求的券商投行机构，确定拟合作的机构，并依据标书，确定合理的费用额度。

第五，任务明确原则。

在选定投行和券商时尽可能敲定主要的工作内容、合作的时间、工作的范围、工作中具体的要求及应该支付的费用数额，尽量避免没有约定的敞口合同，避免给企业造成不必要的麻烦和损失。

有关费用和工作等方面的要求，企业首先要做到自己心中有数，同时在选聘时尽可能地做出详细的约定并进行初步确定，体现在文字上。

2. 如何选择会计师事务所

在企业上市的过程中，会计师的作用相对独立，其作用主要是财务审计，另外还要对公司的盈利预测以及内部控制出具专业意见，其重要性仅次于券商。为上市公司服务的会计师事务所及签字会计师均必须具备证监会颁布的证券从业资格。

对于一般的民营企业来说，由于成立年限短、业务相对单一、没有分公司子公司等分支机构和派出办事机构，审计业务相对简单，只要具备资格的会计师事务所大都可以胜任。所以，民营企业选择会计师应主要考察其相关的团队带头人的业务能力、从业经验，以及团队互相配合的态度、审计收费标准及工作效率等几个主要方面。

具体来说，企业在选择审计机构时可以重点考虑以下标准：一是资格。审计机构应当具有证券从业资格。二是项目团队。项目团队负责审计工作，应有一定比例的、具有改制上市经验的注册会计师，而且整个团队具有一定的稳定性。三是经验。审计机构应当具有丰富的改制上市审计工作的经验。四是收费。收取费用是否与提供的服务相匹配，是否符合相关规定，是否合情合理。

3. 如何选择律师事务所

律师的作用是解决上市过程中出现的所有法律问题，协助公司制定改制上市方案，负责完成公司需要的全部法律文书，在上市要求提供的申报材料中出具"法律意见书"和"律师工作报告"，等等。

律师事务所也是一家民营企业上市不可或缺的中介机构，相对券商和会计师机构来说，在私人感情和合作深度上，它们与企业更贴近。从职业定位上来说，券商承接了企业的上市业务，券商组织会计师事务所和律师事务所等机构共同完成这项工作。会计师事务所业务相对集中，只涉及财务方面的事务，基本上不涉及其他方面的事务；律师出具工作报告和意见书，必须持中立态度。因此，选择律师的首要因素是双方的完全信任。此外需要考虑的因素主要有：团队领袖的协调能力、团队成员的从业经验、主办律师的业务能力和责任心以及律师的收费标准等因素。

创业板的律师费普遍在60万元～120万元，一般依据工作量大小双方协商确定。根据不同的工作量和服务质量收取费用，有法律问题的企业的收费相对高一些。律师费一般可以分阶段支付，双方合同中约定具体支付方式。

对于企业而言，律师事务所的选择可以从以下几个角度考虑：一是专业性。律师的证券从业资格取消之后，所有的律师均可从事证券法律相关的业务，作为拟上市的民营企业在选择律师事务所时，要看律师团队是否具有证券从业的专业经验。二是沟通协调能力。律师事务所的律师能较好地与企业和相关部门及其他中介机构进行配合与沟通，共同协作开展工作，共同帮助企业实现上市的战略目标。三是项目团队。除了考察整个律师所的规模外，还要考察律师团队成员特别是主办律师的从业经验、工作水平、原有业绩等因素。

4. 如何选择IPO咨询机构

在新股恢复发行、创业板开闸以前的时候，招股说明书一般是由会计师事务所、保荐机构、律师事务所这三大IPO中介机构分工合作来共同完成的。开闸之后，随着业务量的增加，市场的活跃，保荐机构手头的IPO项目越来越多，为了集中精力做好保荐、承销工作，他们不得不聘请机构，把耗时、工作量巨大的上市前细分市场研究工作外包出去，由第三方完成这项工作。

拟上市企业需要一家企业管理咨询公司来帮助它做企业战略规划，评估企业各项工作，评估核心竞争力和投资价值。于是，第四类IPO中介机构——IPO咨询机构应运而生。他们的主要业务是以募投项目可行性研究和上市前细分市场研究为服务基础。也就是说，IPO咨询机构提供的是招股书中"业务与技术"和"募集资金运用"两大核心章节的研究与材料撰写等相关的工作。这样，企业上市在选择券商等机构的同时，也需要选择这一服务机构。

企业在选择IPO咨询机构时，应该考虑以下两个指标：一是IPO咨询机构的行业研究实力。考察这样的IPO咨询机构是否拥有专业的行业研究平台，包括研究方法、研究团队、研究基地等条件，是否拥有强大的行业数据体系以及完善而稳固的渠道资源。行业数据体系主要包括细分行业覆盖面、持续跟踪研究等，渠道资源主要包括实地调研资源、官方数据来源、IPO中介资源、媒体资源等资源体系。二是管理咨询的软实力。判断其咨询专家团队的领头人是否具有卓越的组织领导能力，成员是否相对稳固；其专业水平如何，咨询经验是否比较丰富，是否有与本企业相关行业的成功案例，对资本市场和企业经营管理两方面的理解是否到位、深刻。此外，由于IPO咨询机构在IPO申报阶段的任务，主要是配合券商的工作，因此，与券商团队和其他机构的配合是完成工作的前提，要看IPO咨询机构与券商等机构的工作衔接是否及时高效，是否天衣无缝，是否顺畅。

三、晒晒家底，尽职调查要水落石出

尽职调查是企业上市的必经过程，是企业上市的基本要求。所以作为即将上市的民营企业要配合做好这一工作，为企业顺利上市打好基础。如何快速高效地完成IPO企业的首次财务尽职调查工作？查什么？怎么查？

1. 企业上市前尽职调查概述

随着我国社会主义市场经济的逐步建立和不断完善，我国企业之间的合作、投融资、企业并购等资本运作行为越来越普遍，而资本运作顺利进行的基础是对资本市场、商业市场和企业经营的全方位周密考察，缺乏这一基础的合作、投融资、企业并购活动，无疑会具有高度的投机性并可能产生极高的风险。从目前我们国家的资本运作的案例来看，运作的成功率并不是很高。其中的原因有很多，但不重视尽职调查，缺乏有效的尽职调查，则是不容忽视的主要原因之一。

　　尽职调查又称谨慎性调查，一般是指投资人在与目标企业达成初步合作意向后，经双方协商，针对一切与本次投资有关的事项，投资人对目标企业进行企业发展历史、企业背景、企业债权债务、企业法律关系、企业现场调查、企业各种资料分析的一系列活动。企业尽职调查主要是在企业发生收购（投资）等资本运作活动时进行的，像企业上市发行这样重要的资本运作活动，更需要事先对企业进行尽职调查工作，以初步了解和判断企业存在的问题，是否具备上市的条件，与上市条件的差距，等等。

　　企业上市之前的尽职调查的主要内容包括：目标企业所在行业研究、历史沿革、企业所有者情况、企业营销与销售情况、企业的人力资源、企业的生产与服务状况、企业的研究与开发实力现状、企业采购、法律与监管、税收、财务与会计、企业的管理信息系统等等，涉及企业的各个方面。也正因此，调查小组的构成包括了各方面的专家成员，有目标企业所在行业和相关行业的专家、公司管理中特定业务的业务专家、企业营销与销售专家、财务管理工作的专家、法律问题的专家等。有工作经验和专业知识的独立第三者通过对目标企业的法律、财务、业务等问题进行分析和评价，做出客观的结论。

　　在项目开始之前，IPO财务尽职调查和其他类型的尽职调查目标有明显不同。其目的是找出企业内控管理方面、财务核算与现行IPO制度要求的不同和差距，以便企业整改和完善，与IPO保持一致，保障企业上市的前提条件。在调查的方法、策略以及报告成果方面也有很大不同，在策略上力求简单、实用、高效、全面；方法上主要以访谈、分析和查阅文件为主，不做测算、归集统计等；报告成果不要太长，反映问题要点、达到目标就好，不必过于烦琐。

在整个尽职调查体系中，由财务专业人员进行尽职调查主要是针对目标企业中与投资有关的财务状况的审阅、分析等调查内容。在尽职调查的过程中，财务专业人员一般会采取以下三种基本方法：一是审阅。通过财务报表及其他财务资料的审阅，发现关键的、重大的财务因素。二是分析。依据财务数据做分析性程序，如趋势分析、结构分析等，对各种渠道取得的资料进行全面的分析，发现财务工作中的异常及重大问题。三是访谈。与企业内部各职能人员、各层级，以及中介机构进行充分沟通和交流。四是小组内部沟通和交流。调查小组成员来自不同背景、不同的业务领域，具有不同的专业知识和专业背景，他们之间的良好沟通也是达成调查目的的主要工作。

2. 财务尽职调查的内容

由于财务尽职调查与一般审计的尽职调查的目的不同，因此财务尽职调查一般不采用实物盘点、函证、数据复算等财务审计的方法，而更多使用结构分析、趋势分析等相对宏观的分析工具。在企业的对外合作、投融资和企业并购等资本运作流程中，财务尽职调查是交易谈判、投资及整合方案设计、投资决策不可或缺的重要前提和基础工作，是判断投资等合作是否符合企业的战略目标，是否符合企业的投资原则的依据。对了解目标企业内部控制、资产负债、经营管理等方面的真实情况，充分揭示其财务工作和管理风险或危机，分析目标企业的盈利能力和财务现金流，预测目标企业未来前景、盈利预期和发展趋势起到了重大作用。

具体来说，财务尽职调查包括以下两个方面的内容：

第一，对目标企业总体财务信息的调查。

在进行财务尽职调查时，要了解目标企业一些基本财务情况和基本资料，了解目标企业财务的基本运行情况。通过取得目标企业的验资报告、营业执照、章程、组织架构图，财务调查人员可以了解目标企业名称、企业发展的历史沿革、企业注册成立时间、企业股东人员结构、企业注册资本、投入资本的形式与性质、主营业务范围等情况。对目标企业的详细了解还应包括目标企业总部以及所有具有控制权的分公司和子公司，并对目标企业的关联方进行了解。另外，目前财务部财务人员结构以及企业的财务管理模式、企业管理系统的应用情况、目标企业的会计电算化程度等也是需要了解的企业背景资料。

在获得上述企业的信息之后，还应对目标企业的会计制度和税费缴纳情况进行全面了解。目标企业的会计制度包括：近3年会计制度的重大变化，现行财务会计报表的合并原则，近3年会计师事务所报告，近3年审计报告的披露情况，等等。目标企业的税费制度包括：企业所需要缴纳的现行税费种类，企业缴纳的税费率，税费计算基数，税收的收缴部门；企业享受到的国家和地方政府以及行业的税收优惠政策；目标公司管理费用、财务成本、资金占用费的税收政策；税收汇算和清缴情况。

第二，对目标企业具体财务状况的调查。

目标企业财务报表的可靠性会影响到财务尽职调查结果的可靠性，而财务报表的可靠性与企业本身内控程序是否完善有关，因此，一般情况下，进行尽职调查时亦应考虑内控程序的情况。例如可以通过访谈、画流程图等方法对目标企业的内部控制制度进行总体把握。在了解目标企业的内部控制制度之后，就可以对其财务状况、盈利能力、现金流进行详细调查。

对目标企业的财务状况进行调查，核实目标企业的货币资金真实性，关注目标企业是否存在冻结资金。进行应收账款的逾期账款及坏账分析、账龄分析、近年应收账款的变化趋势及原因的分析，要关注应收账款是否被高估，另外对大额应收账款还应调阅与之配套的销售合同。一般国内企业会暂列其他应收款，其中包含开办费、投资、前期亏损或待摊费用等支出，在对其他应收款进行调查时，应具体查询每一项目与之有关的具体内容，做到细致可信。评析会计处理是否得当，是否合理，是否合规，并依据实际情况和会计准则做出合适的建议，并进行适当的会计调整。对存货的调查，应查阅企业最近一次存货的盘点记录，关注分期付款发出商品，找出滞销、毁损、积压、过时以及有变现问题的存货，确定存货提取的准备足够与否，确定查询存货的计算方法是否合适。

在对企业进行长期投资调查的时候，对控股企业要验证其投资比例，调查企业应占有的权益，对参股企业了解企业参股的投资资料。对在建工程则要了解工程审批、工程项目预算、完工程度、工程审计情况、工程监理情况、工程项目的用途，是否存在工程停工的情况，等等。对于固定资产的调查，主要包含土地房屋和设备等，通过审阅土地证、房产证等来调查土地房屋的状况。对机器、设备等的调查，则要查询机器设备的现状，调查有否应报废，调查需要提取减值准备的机器设备，调查折旧提取的方法是否合理、折旧率选择是否得当、折旧率是否反映固定资产的消耗情况、折旧是否按照设定的折旧提取方法和折旧率计算已入账。对无形资产的调查，则要分析无形资产的寿命、无形资产的种类、无形资产的取得途径、无形资产的计价依据。

对于银行贷款的调查，首先是查阅银行贷款的明细表，明细表应注明贷款用途、贷款利率、还款期限、抵押物以及相关的承诺等情况。其次是查阅贷款合同，了解有否资产抵押和担保等情况，关注和测算贷款的利息是否已足额提取并已入账。对应付账款，审阅应付账款明细表，并应分析应付账款周期、供应商分布的情况。为了防止目标企业存在有未入账的负债，查阅期后付款相关的凭证，查阅股东会、董事会会议记录，与有关律师尽职调查工作做好配合，分析对应付税金的调查，审阅各项应付税金变动明细表，查阅各项税种是否均已完税、如期申报，审阅是否有虚报、漏报、少报等情况的发生，审阅与税务机关的往来各种文件和资料，分析企业所缴税金是否合理合规。

销售收入及成本反映目标企业盈利能力，在对其进行调查时，调查人员应列表计算企业最近几年销售量、单位成本、单位售价、销售收入、毛利率的变化趋势，企业最近几年产品种类变化，企业大客户和客户群的变化及销售收入集中度和分散情况，成本结构的变化、影响成本的关键因素，并就这一因素对成本变化的影响做详细的分析，找出以上各因素发生重大变化的原因是什么。对企业的销售收入分析，可按主要地区、产品和客户进行分类。结合以上各项分析，对目标企业的过去、现在和将来的盈利能力做出推测和估算。目标企业是否存在其他业务利润收入来源，这一收入来源是否稳定，持续时间多久，未来是否可持续。对企业最近几年的投资收益的调查，调查人员应关注企业对外投资情况，了解投资项目的运作情况、盈利水平等，以及各个项目投资的回报率。对企业的营业外收支的调查，重点应关注是否有异常情况出现，是否有违规现象，等等。

对企业的现金流进行调查，应特别关注经营净现金流，关注企业现金流是否稳定，检验企业的经营净现金流是否满足企业融资活动的利息支出净额和费用，并通过一些财务技术比率进行计算，还应结合资产负债表、现金流量表和利润表，审查除销售收入以外的主要的经营资金来源，查明这一来源对经营净现金流的贡献大小。

四、发现问题，进行整改，确定方案

随着我国社会经济的快速发展和现代企业制度的建立，越来越多的公司将逐步上市。在这个过程中，企业要发现财务存在的问题和其他问题，及时按照要求和规范进行整改。

1. 实施财务尽职调查，找准存在的差距

加强财务管理，提高公司管理的规范化程度，也是上市公司提高自身整体素质、促进公司发展的必然要求。下面对拟上市公司的财务管理问题整改进行探讨。

实施财务尽职调查，查找存在的差距，是对企业财务管理的总体检验，努力使财务管理符合证监会规定的公司上市的财务要求。企业要做好配合，协助中介机构开展尽职调查，以规范财务管理为根本要求；采取边分析、边调查、边整改的方法，查找企业财务管理和财务工作的薄弱环节，并针对薄弱环节进行整改。

对近几年企业的运作项目的成本结转和营业收入情况做摸底调查，对所涉及的项目各项成本费用进行详细的分类统计。对公司资产结构状况和投资进行调查分析，为优化资产结构、做好投资工作、控制资产负债率查找可采取的措施。对目标公司盈利能力进行分析，通过科学地计算和推理，预测未来几年主营业务盈利能力，以提高企业净利润率为主要目标，采取有效措施降低成本，做好内控，挖掘降低成本的潜力。对财务风险管控体系的调查，重点是对税务风险、资金风险、投资风险、债权债务风险和汇率风险等进行排查，切实提高财务风险预警机制和风险调控能力。

财务工作还应该积极配合开展优化股权结构调整、生产经营组织结构调整等方面的工作。通过尽职调查，发现问题，找准差距，制定措施，积极整改，明确努力方向，改善财务管理工作，推动公司整体上市的工作进程，实现公司战略规划目标。

2. 加强制度建设，规范财务管理的基础工作

拟上市企业要完成公司股权结构和企业运行结构的整体改制，实现产权多元化。完成整体改制以后，开始启动上市筹备的各项工作，开展以企业整体上市为战略目标、提升企业管理的各项工作，

提高整体管理水平。为此，财务工作紧紧围绕企业上市目标，开展以规范财务管理为重点、提高财务管理水平为目的的各项工作。

企业上市工作是个系统工程，涉及很多方面，制度建设是其重要一环。上市公司的基本要求是，企业要建立健全内部控制制度，做好企业管理规范化工作。财务管理制度是企业内部控制制度的重要组成部分，完善财务管理制度，提高财务管理水平，实现财务管理的规范化，促进财务行为规范有序，是公司财务重要工作内容之一。这方面的工作具体分为全面梳理、修订完善、组织实施三个阶段。

第一，全面梳理财务管理制度。

拟上市公司财务管理制度必须符合证监会的上市要求，这就要求企业的财务制度相对较为完整和规范，然而企业的财务制度是在企业发展的不同历史阶段为适应当时企业管理的需要而逐步制定和形成的，对于企业的发展壮大发挥了巨大的作用。随着市场环境的变化和企业的发展壮大，旧有的制度未必适应现代的经济环境和企业发展的需要，公司上市对财务制度建设提出了新的更高的要求。因此，要对照《企业内部控制基本规范》，对企业原有财务制度进行分类梳理和归纳，结合公司实际进行划分归类。可以划分为资金管理、资产管理、预算管理、会计政策、财务报告以及其他专项制度，查找需要修改、增加、完善和更新的内容，完成企业制度建设的第一步工作，适应民营企业上市的需求。

第二，修订完善财务管理制度。

在全面梳理各项制度的基础上，公司财务部门结合券商、会计师事务所等中介机构，共同组织力量对原有部分制度进行修订和更新，适用证监会对拟上市企业财务制度的基本要求。同时，依据民营企业上市的要求和规范，填充新制定的制度，这些修订或制定的财务制度，经过公司董事会认真讨论审议后印发执行，财务管理制度作为企业管控的核心制度将更加完善。

一是按照上市公司的要求全面修订《公司主要会计政策和会计估计》。对于涉及多行业，且业务分布在境内、境外的大型企业，会计政策需要覆盖所属不同类型的企业和不同性质的业务。公司财务部门会同中介机构要在调查研究的基础上，充分听取公司成员单位的管理者和员工的意见，对会计政策做出必要的调整。具体要做到：兼顾成员单位不同的业务需要，统一全公司的收入确认政策；依据企业会计准则原则要求，统一坏账准备计提的比例；根据行业规范和发展的特点，统一低值易耗品、周转材料以及无形资产的费用摊销方法；统一存货的核算方法；统一规定固定资产折旧年限及残值率；根据企业所在行业发展现状，统一各类保证金核算方法。

二是完善全面预算管理制度。全面预算管理作为企业实施防范风险、内部控制的重要措施和手段，公司着手对原有的《全面预算管理办法》进行修改，同时补充制定《全面预算考核办法》。在修订完善制度的过程中，要重点突出考核的内容，强化预算的执行力度。

三是从加强财务管控的需要出发，出台《公司重大财务事项报告制度的实施办法》，明确下属单位报批事项和报备事项，为集中财务管控、防范财务风险奠定基础，以此加强公司对下属部门的管控力度。

四是制定《企业应收应付款管理办法》和《企业应收款管理考核办法》。由于受外部环境的影响，某些行业被拖欠应收款的情况较为严重，针对具体的现状，要出台应收款管理及考核办法，并着重从企业内部管理和控制入手，加强对应收款管理，采取必要措施，加大应收账款的催讨力度。

五是提高会计信息质量要求，统一规范，制定《公司财务报告管理制度》。

第三，组织实施财务管理制度。

制度建设的关键在于制度的落到实处，公司组织力量重点抓好财务管理制度的贯彻实施，抓好各项具体制度的落实。

一是做好制度宣传。根据不同层次的人员举办相应的业务培训，让民营企业的全体财会人员熟悉公司统一制定的财务管理制度内容，在思想认识上达成一致。

二是组织相关部门做好监督检查。公司要求财务工作的各个环节，都必须严格执行公司统一制定的财务管理制度，并制定实施的具体办法，落实到位，并进行考核和监督。

三是公司所有部门和下属单位全部执行统一的财务制度、核算办法和会计标准。

四是随着财务管理制度的具体实施和逐步完善，要实现公司财务管理行为的规范化、标准化，从而使公司财务会计基础工作更加扎实，会计信息质量明显得到提高。

五是严格按照企业内部控制制度基本规范的要求，构建一个以规范财务管理和工作行为为核心，与上市监管要求相匹配的财务管理制度体系。

3. 实践中的启示

公司上市作为企业发展过程中的重要战略目标，在这一过程中财务管理的重要性众所周知。通过实践和探索，在企业辅导上市过程中，要紧紧围绕工作目标着力改善财务工作和财务管理。对此，企业领导层要引起高度重视。

企业领导层要做到：确立财务管理在企业辅导上市过程中的重要地位，充分发挥财务管理的作用；查找差距，积极整改，对照上市要求，对企业财务管理工作进行详细"体检"，针对问题，及时医治、及时调整、及时改造；为改善企业财务工作和财务管理指明努力方向；完善财务制度是基础工作，通过梳理、修订、补充、完善和组织实施，促进财务行为规范化、制度化和标准化；结合企业具体业务和实际发展抓重点、抓落实、抓实施，全面提升财务管理水平，为企业上市打好基础。

在企业上市实践中，整改工作涉及方方面面，而财务管理始终都是重点。同时，要按照要求和规范，对公司在上市过程中存在的其他问题做出整改，为企业上市做好全面的准备工作。

五、腾挪跌宕，分拆重组和改制

企业在上市之前必须进行股份制改造，把有限公司变更为股份有限公司。采取公开发行股票方式进行融资的企业，依据我们国家《公司法》和《中华人民共和国证券法》（以下简称《证券法》）的规定，必须具备股份有限公司的组织结构形式。股份制改造是指企业通过对治理结构、企业业务、企业财务等方面的改革与重组，将企业的组织形式变更为股份有限公司的全部过程。因此，以非股份制为组织形式的企业，进行股份制改造是企业公开发行股票、实现企业上市所必须要做的前期准备工作。

企业股份制改造要按照两个重要的文件来进行，一个是《公司法》，另一个是《证券法》。进行股份制改造必须符合《公司法》中对于股份有限公司设立条件的相关规定，拟公开发行股票上市的企业进行改制，还必须符合《上市公司治理准则》等有关上市公司的特殊规定的要求；同时，要符合《证券法》、交易所上市规则等关于公开发行股票并上市的诸多法律法规以及政府及证监会的政策规定。

上市公司由于涉及社会公共利益，股东人数众多，因此法律对上市公司在内部治理、业务竞争力上以及外部竞争的规范性等方面都有比较严格的具体要求。企业改制成拟发行上市的股份公司，需要从同业竞争、治理规范、业务、关联交易等多个方面着手，建立符合政府部门要求的相关法律法规规定的现代企业制度。

1. 股份制改造步骤

企业改制肯定会有据可循。一般需要经过哪些程序和步骤呢？

第一，拟订总体改组方案。

为了企业的上市，企业会聘请具有改组和主承销商经验的证券公司根据企业实际情况来操作上市的总体改组方案，依据有关法规政策和中国证监会的要求，券商机构会组织力量拟订股份制改组及发行上市的总体方案。

第二，选聘中介机构。

企业改制除需要聘请证券公司作为上市操作的顾问之外，还需要聘请会计师事务所、资产评估机构和律师事务所的专业人员，这些中介机构需要具备一定的资质和工作经验，在改制过程中协同券商机构共同完成对拟上市企业的资产评估、审计、出具法律意见等必要的上市前的各项工作。

第三，开展改组工作。

以券商机构为主，多个中介机构相互协作，共同完成企业改制工作，为企业顺利上市打下坚实的基础。如果改组改制企业在企业改制过程中涉及国有资产的管理、土地使用权的处置和股权管理等诸多问题，均须依法依规分别取得有关政府部门的批准文件，否则会给自己带来不必要的麻烦。

第四，发起人出资。

企业设立验资账户，按发起人协议规定出资方式、出资比例，各发起人进行出资，其中实物资产出资，应按照规定办理有关产权转移手续。所有出资资金到位后，由会计师事务所依据规定现场验资，并及时出具验资报告。

第五，创立公司筹委会。

发出召开新的股份有限公司的创立大会通知。创立大会的主要工作为初步审议公司筹备情况，审议公司章程的草案，并确定创立大会时间，发出召开创立大会的通知。

第六，召开会议。

新的股份有限公司召开创立大会、股东大会及第一届公司董事会会议、第一届监事会会议，任命经理层，布置公司工作。

第七，办理工商注册登记手续。

按照相关规定，办理登记手续变更，主要工作为：名称变更，改制后企业名称发生变化，先办理名称变更预先登记手续，并领取相关登记表格；注册资本的变更，企业改制需要新增注册资本的，到工商局办理相关的手续；按照工商局要求，递交全部的申请材料，等候领取《准予行政许可决定书》；领取《准予行政许可决定书》后，按照其确定的日期，到工商局相关部门缴费，领取新的营业执照。

2. 股份制改造主要内容

企业改制方案无疑是改制成功的关键因素，改制企业应当根据自身的实际情况，结合与企业改制有关的法津、法规和政策的规定，制定切实可行的企业改制重组方案，以利于改制工作的顺利进行，取得企业改制的预期效果，达到促进企业发展、促进企业上市的目的。

一般而言，改制方案主要由以下几部分内容组成：

第一，业务重组方案。

根据企业自身的生产经营业务实际情况，并结合企业改制要达到的目标，采取分立、合并、转产等方式对企业原业务范围进行重新调整和组合。

第二，人员重组方案。

企业在改制过程中面临企业职工的安置问题，安置不好，会造成混乱，包括职工的转岗、分流以及离职和离退人员的管理等工作。

第三，资产重组方案。

根据改制企业资产评估确认额及产权界定结果，确定企业股本设置的基本原则，包括企业净资产的归属和处置，增量资产投资者情况，是否有增量资产投入，等等。

第四，股东结构和出资方式。

此项内容包括企业进行改制后，企业的股东名称变化、股东出资比例、股东的出资额以及出资方式的详细情况。

第五，股东简况。

此项内容包括法人股东的基本情况和自然人股东的基本情况，职工持股的基本情况，其他形式的股东基本情况，等等。

第六，拟改制方向及法人治理结构。

选择哪种企业组织结构形式，有限责任公司、股份合作制或其他组织结构形式。法人治理结构是指改制后企业的组织机构及其职权的划分，包括最高权力机构、执行机构和监督机构等，设立董事会和监事会的原则。

需要说明的是，企业改制成拟上市的股份公司时，原有的企业非经营性资产应当进行剥离，不能作为企业资产进入股份有限公司。拟发行上市公司在改制工作过程中，应按国家有关规定安置好转岗分流人员，妥善安置公共服务、社会保障等社会职能机构的人员，依据企业实际状况制订相应的处置方案。

拟发行上市的公司改制应当遵循突出公司主营业务的原则，形成独立完整的生产经营系统。一般来说应采取企业整体改制方式，将企业经营性资产整体划拨进入新成立的股份有限公司。这意味着发起人如以非货币资产出资，应将开展业务所必需的在建工程、固定资产、无形资产以及其他资产完整地投入拟发行上市的股份有限公司当中。

拟发行上市的股份有限公司，不应是投资公司或控股公司，这些公司主要是以股权或债权出资组建的，企业是以持有的股权出资设立拟发行上市股份有限公司的，股权应不存在争议，不存在潜在纠纷，公司的发起人应当能够控制公司股权。作为出资的股权所对应的业务应与所组建拟发行上市股份有限公司的业务基本保持一致。

根据政府部门的有关规定，企业进行改制组建拟上市股份有限公司时，可以将企业的特许经营权、商标和专利技术等予以保留，也可另行转让，如果无形资产与拟投入上市公司的经营性业务有关联，就应将这些无形资产，包括特许经营权、商标和专利技术等，同时投入到拟上市股份有限公司当中。

两个以上的企业以发起人的身份以资产和经营性业务共同出资组建拟发行上市股份有限公司时，资产和经营性业务应完整地投入到拟发行上市股份有限公司之中；所投入的业务应与拟上市股份有限公司的业务相同，或者存在企业生产经营的产业链上下游的横向联系或纵向联系。

3. 拟上市企业独立性的问题

上市公司的经营独立性包括其资产独立完整性、人员的独立、公司机构独立和公司财务独立等几个方面。

第一，资产独立完整性的要求。

股东或发起人与拟发行上市股份有限公司的资产产权要明确划分和界定；与企业经营业务有关联的专利技术、商标和非专利技术等无形资产应进入公司并依据相关规定到有关部门妥善办理相关转让手续；发行上市股份有限公司应有独立于主发起人或控股股东的生产经营场所，土地使用权应通过合法途径取得，并应有相对较长的租赁期限和确定的收费方式，或者有土地购买的相关手续。

第二，人员独立的要求。

拟发行上市股份有限公司的总经理等高级管理人员应专职在公司工作并按规定领取薪酬，不得在其持有拟发行上市股份有限公司

5%以上股权的股东单位及其下属相关企业担任除董事、监事以外的其他任何职务，也不得在与所任职的拟发行上市股份有限公司业务相类似的其他相关企业任职；其他任何部门、控股股东或单位或人士推荐人员应通过合法程序进行，不得超越拟发行上市公司股东大会和董事会做出的人事任免决定；拟发行上市股份有限公司应拥有独立的员工群体，并在有关工薪报酬、社会保障、房改费用等方面分账独立管理。

第三，机构独立的要求。

拟发行上市股份有限公司的办公机构和生产经营与控股股东应该完全分开，不得出现合署办公、混合经营的情形；拟发行上市股份有限公司的机构设置具有独立性，控股股东及其他任何单位或个人不得无端进行干预；拟发行上市公司及其职能部门独立，不受控股股东及其职能部门的领导，它们之间没有上下级关系，拟发行上市公司的生产经营活动的独立性，任何企业不得以任何形式干预。

第四，财务独立的要求。

拟发行上市股份有限公司应依据规定设立其自身的财务会计部门，按照有关会计制度的要求，建立相对独立的财务管理制度和会计核算体系，并独立进行财务决算；拟发行上市公司应拥有其自身独立的银行账户，不得与其他任何单位或人士、其股东单位共用银行账户；依法独立进行纳税申报，独立履行相应的缴纳义务；拟发行上市股份有限公司有权独立对外签订合同，进行贸易交往活动。财务独立性体现在独立结算、独立运行和管理，对内对外开展各项业务活动，等等。

4. 同业竞争

同业竞争是指发行人的控股股东、实际控制人及其控制的其他企业从事与发行人相同、相似的业务，从而使双方构成或可能构成直接或间接的竞争关系。那么同业竞争问题如何解决？

企业在改制过程中应避免同业竞争情况的发生，因为同业竞争会导致利益冲突，拟上市公司与实际控制人及其控制的法人会产生不必要的矛盾，不利于保证拟上市公司维护公司及其股东的权益和经营独立性，这也是法律明确规定禁止的。其实，同业竞争并没有明确的法律上的标准，一般来说可从业务的性质、客户对象、市场差别、产品或劳务的可替代性等几个方面来进行判断，并应充分考虑这种同业竞争对拟发行上市公司造成的客观影响。

解决同业竞争的途径有很多种：可以考虑通过委托经营、收购等方式，将相竞争的业务集中到拟发行上市公司当中来，有效避免同业竞争的发生；可以让竞争方将有关业务转让给无关联的第三方进行经营，避免同业竞争；可以考虑拟发行上市公司放弃与竞争方存在同业竞争的相关业务；可以通过谈判和其他形式让竞争方就解决同业竞争问题，今后不再进行同业竞争的相关业务做出有法律约束力的书面承诺，等等。

5. 关联交易

关联交易是指公司或是其附属公司与在本公司直接或间接占有权益、存在利害关系的关联方之间所进行的交易。关联方包括自然人和法人，主要指上市公司的发起人、主要股东、董事、监事、高级行政管理人员及他们的家属和上述各方所控股的公司。

作为拟上市股份有限公司，必须采取合法有效的相关措施来减少并规范关联交易，避免关联交易给公司及股东的利益带来的损害。因此，企业在改制为拟上市公司过程中，要理顺关联关系，与改制前的关联企业之间不能继续存在关联关系。

为理顺关联关系，公司在挂牌上市前，需根据自身情况采取以下方法处理关联交易事项，以便顺利实现挂牌：

第一，发起人或股东不得通过保留销售与采购机构、不得通过保留垄断业务渠道等方式干预拟发行上市公司的业务经营，影响其独立性。

第二，从事生产经营的拟发行上市公司应拥有独立的生产经营、供应、销售系统，主要产品销售和原材料不得依赖股东及其下属企业的渠道。

第三，专门为拟发行上市股份有限公司生产经营提供服务的相关机构，应改制重组进入拟发行上市公司的系统当中。

第四，主要为拟发行上市公司进行的专业化服务机构，应由关联方纳入（通过出资投入或出售）拟发行上市公司机构之中，或转由无关联交易的第三方进行经营和管理。

6. 估值评估机构选择

在对拟改制上市的公司进行资产评估时，必须由资产评估机构进行评估，评估机构需要取得证券业从业资格。对于需要对国有土地使用权进行评估的，由土地资产的使用单位或持有单位向国土管理部门提出土地使用权进行评估的申请，然后聘请土地评估机构评估，评估机构需要具有A级土地评估资格，经国土管理部门确认评估结果后，才能作为国土资产折股及土地使用权租金、出让金数额的定价基础。

从我国目前的具体情况来看，对土地使用权的处置主要通过以下四种方式：

第一，以土地使用权作价入股。改制前的企业已经取得土地使用权且缴纳了出让金，可以将土地作价投入上市公司，投入方式为国有法人股。

第二，拟上市公司与土地管理部门签订土地出让合同，自己缴纳出让金，并直接取得土地使用权，获得土地证。

第三，改制前的企业缴纳土地出让金，取得土地使用权的，可以与原企业签订土地租赁的合同，由上市公司实际使用和经营该土地。

第四，授权经营。对于国家控股公司和省级以上人民政府批准实行授权经营的企业，配置土地方式可采用授权经营的方式。

7. 改制契税减免

企业改制重组时，涉及地面建筑物及土地的权属转移，出资方可以以地面建筑物及土地出资，公司改制时也可以购买土地使用权和地面建筑物。

根据国家税务总局和财政部联合颁布的《关于延长企业改制重组若干契税政策执行期限的通知》的相关规定，改制企业契税减免的规定如下：

第一，企业整体变更或整体改制时，对改建后的公司承受原企业土地、房屋权属，免征契税，即改制成立后的新的股份有限公司在办理土地使用权及房屋权属的变更时，免征契税。

第二，非公司制国有独资企业或国有独资有限责任公司，以其部分资产与他人组建新公司，且该国有独资企业（公司）在新设公司中所占股份超过50%的，对新设公司承受该国有独资企业（公司）的土地、房屋权属，免征契税。

第三，企业在改制重组时，在股权转让中，单位、个人承受企业股权，企业土地、房屋权属不发生转移，免征契税。

根据国家财政部、国家税务总局和国土资源部颁发的《中华人民共和国土地增值税暂行条例》的规定，对于转让地上建筑物及其附着物、国有土地使用权并取得收入的个人和单位，需要按其所得的增值额多少按照规定税率缴纳土地增值税。

依据《财政部、国家税务总局关于土地增值税一些具体问题规定的通知》（财税［1995］48号）的相关规定，对于目前那些涉及投资业务的土地增值税缴纳应该按以下原则酌情进行处理：

第一，对于以房地产进行联营、投资的，联营和投资的一方以土地（或者是房地产）作价入股作为联营条件或投资的，将房地产转让到所联营、投资的企业中时，暂免征收土地增值税。

第二，对联营、投资企业将上述房地产再次转让的，应按照规定依法征收土地增值税。

根据国家税务总局的《中华人民共和国税收征收管理法实施细则》规定，与行政法规、税收法律相抵触，以国家相关法律法规的规定为准，地方的法律法规和行政政策与之相违背的，以国家政府部门的法律法规为准。

在企业税收的实践过程中，政府行政和监管部门一般关注企业以下税收问题：

第一，拟上市公司上市前3年所享受的税收方面的优惠政策与国家相关税务法规政策是否相符和一致，如果企业享受的税收优惠政策与现行行政法规、税收法律不符或者是不一致，存在着越权审批的情况，拟上市公司应当提供省级税务主管部门出具的有效的确认文件，并由律师出具法律意见方面的文件，拟上市公司同时应该在招股的相关文件中明确提示可能被追缴税款的重大风险的存在。

第二，拟上市公司应当充分披露上市前3年税收方面的情况，有无违法、违规的行为。

第三，对于不符合国家税法规定的，地方性税收优惠政策违反国家税法规定的，可能存在被追缴税款和滞纳金的风险，一般应该由上市前企业原股东承担相关费用和损失。

8. 律师服务项目

企业股份制改组过程中，离不开律师，律师帮助拟上市企业解决与法律相关的所有问题。企业改制过程中，对于相关文件和事项，律师要按照规定进行合法性审查工作，并出具法律意见书，签署相关法律文件，等等。

律师的工作可发现企业改制过程中出现的法律问题和法律障

碍，帮助企业有效地避免法律风险的发生，为企业改制的顺利进行，为企业改制的成功，提供可靠的法律保障和法律咨询服务的支持。

六、各种审批和审查，顺势而为，成就大业

目前，境内股票发行实行以保荐制度、发审委制度、询价制度为基础的核准制，核准制的基本原则是各市场参与主体要"各司其职、各负其责、各尽其能、各担风险"。随着市场的进一步发展，中国证监会将结合实际，除不断优化和完善发行法律法规体系、完善相关监管规则和信息披露体系外，还将注重整个行业建设，提高市场各参与主体的素质，共同推进直接融资市场发展。

中国证监会不断推出改革举措，必将继续深化发行体制的改革，逐步由核准制向注册制过渡。新股发行由核准制向注册制转变，将是一个长期、动态的过程，何时能够完成转变，取决于市场发展情况和成熟程度。

具体来看，不断充实和完善保荐制度，逐步提高投行执业水平和服务质量。不断优化发行监管审核和发行机制，进一步优化发行审核制度行政许可程序，统一理念，提高效率，公开透明，向标准化管理方向不断迈进。进一步完善发行监督管理政策和方式，同时，积极配合和支持国家宏观经济政策及相关产业政策，结合企业实际情况和行业特点，适时规范和引导企业上市方向。建立积极的、健康的金融证券和投融资市场氛围，培育市场化创新和发行的良好环境和机制，为实现企业上市由核准制向注册制顺利过渡打下良好的市场基础。

新股发行注册制尚在襁褓之中，中国证监会发行审核委员会

（以下简称"发审委"）的新股审核工作有条不紊，忙而不乱。与之前有所不同的是，发审委审核的标准逐步往注册制方向靠近，向注册制逐步过渡，淡化对公司募投项目前景、经营能力的主观判断，不再强调企业可持续经营问题，对公司的盈利指标及成长性重视程度有所降低，企业经营的业绩下降不再成为通过的重大障碍；同时发审委加强了对拟上市股份有限公司关联交易的关注，强化关联各方信息披露的充分性、完整性和可靠性；严格审查公司各种行为的合法合规性，格外关注代持股份等存在纠纷隐患的问题。

1. 弱化经营判断

从证监会的发审委对63家拟上市的企业问询情况来看，对公司财务、专利、产品、经营模式、公司历史等有疑问的个别问题问询较多，一般是要求保荐人或公司对以上问题进一步说明情况。发审委对拟上市公司的募集资金投向及未来前景问询相对较少。同时，拟上市公司业绩下滑也不再成为上市的拦路虎，不再成为不能过会的最大障碍。

来看下面两个相反的案例：

湖北某股份有限公司在2015年1—6月的净利润为1634.74万元，2014年同期利润为4540.94万元，同比下降64%。结合2015年下半年经营情况，发审委要求发行人代表进一步说明发行人2015年销售收入和利润下滑的幅度，报告期毛利率和净利润大幅度下滑的原因，是否可能出现较大的亏损；发行人所处行业的经营环境是否发生或将要发生重大不利变化，发行人经营的主要产品是否发生或将要发生重大不利变化；在公司产能持续增加而业绩持续下降的情况下，实施募投项目增加产能的合理性和可行性；在招股说明书中公司的经营风险和公司业绩大幅下滑风险是否予以充分披露，等等。

北京某股份有限公司报告期虽然净利润出现大幅下滑，但是仍然过会。该公司拟招股书显示，2013年净利润5920.40万元；2014年实现营业利润763.50万元，实现净利润1432.7万元，2014年相比上年净利润下降75.8%。2015年1—6月，公司实现收入16 167.20万元，实现营业利润为971.53万元，净利润610.57万元。由于实现了营业利润，发审委并未对该公司的利润下滑提出过多问询，并且同意通过。

2. 狠查关联交易

是否存在关联交易，关联交易披露是否详尽，是证监会发审委审核和关注的重点，在2016年一季度过会的公司中，发审委对很多拟上市的公司都提及关联交易方面的问询。

比如，太湖学院与无锡农村商业银行股份有限公司关联交易公允性，代销国联信托股份有限公司的产品是否构成关联交易；江阴嘉荣股份有限公司与无锡洪汇新材料科技股份有限公司之间是否存在关联交易关系，相关关联交易的信息是否在招股说明书中进行充分披露，股东、发行人、实际控制人及其董事、监事和高级管理人员与股东、实际控制人及其董事、监事和高级管理人员是否有关联关系。

3. 细查代持及纠纷隐患

证监会的发审委审查拟上市公司的股权代持问题、合法合规性问题以及其他存在纠纷隐患的问题的时候，毫不含糊，一丝不苟，非常严格。

比如，证监会相关部门在问询上海网达软件股份有限公司的时候，与发行人业务类似的实际控制人控制的上海欢乐无限信息技术有限公司和上海乐宝信息技术有限公司被吊销执照的原因，至今企业营业执照未注销的原因，目前两个企业的法律状态，是否存在重大权属或债权债务纠纷；江苏花王园艺股份有限公司报告期内相关的各BT项目是否按照有关合同约定的工期进度进行推进，是否存在法律纠纷和其他的争议，等等。

时代在变迁，作为要上市的民营企业家要以自己丰富的实战经验和企业家的远见卓识，敏锐地捕捉到市场信息的细微变化和国家政策的某些调整，抓住机遇，把握方向，顺势而为，为自己的民营企业在资本市场大显身手而制订恰当的方案。

七、步步为营，走好每一步流程

中国证监会发行监管部于2012年2月1日首次公开发行股票审核工作流程，对企业该做什么准备，怎么去准备，提供了一个参考标准。

依照流程，首次公开发行股票的审核工作流程分为受理、见面会、问核、反馈会、预先披露、初审会、发审会、封卷、会后事项、核准发行等主要环节，分别由不同处室负责，相互配合、相互制约。对每一个发行人的审核决定均通过会议以集体讨论的方式提出意见，避免个人决断。

1. 材料受理、分发环节

根据《中国证券监督管理委员会行政许可实施程序规定》和《首次公开发行股票并上市管理办法》等规则的要求，证监会的受理部门工作人员依法受理拟上市企业的首发申请文件，并按程序转至发行监管部。

发行监管部综合处收到拟上市企业的申请文件，按照工作程序将其分发审核一处、审核二处，同时送中华人民共和国国家发展和改革委员会（以下简称"国家发改委"）相关部门征求其对拟上市企业的意见。根据企业所在的行业、公务回避的有关要求，以及审核人员的工作量等，审核一处、审核二处确定审核人员负责拟上市企业的申请文件的审核。

2. 见面会环节

见面会是企业与发行监管部门之间的见面沟通会议，旨在建立发行人与发行监管部的初步沟通渠道和机制。在这次会上，由发行人简要介绍拟上市企业的基本情况，发行监管部部门负责人介绍发行审核的标准、程序、理念及纪律要求等相关规定。

见面会按照拟上市企业的申请文件受理顺序安排，一般安排在星期一，由综合处组织并负责通知相关发行人及其保荐机构。见面会参会人员包括发行人代表、发行监管部部门负责人以及综合处、审核一处和审核二处负责人等相关人员。

3. 问核环节

问核机制就是问询和核查，旨在提醒、督促拟上市企业的保荐机构及保荐代表人做好企业的尽职调查工作，问核一般安排在反馈会前后进行。参加人员包括问核项目的审核一处和审核二处的相关审核人员、两名签字保荐代表人和保荐机构的负责人等。

4. 反馈会环节

审核一处、审核二处审核人员审阅发行人申请文件后，从财务和非财务两个角度撰写审核报告，提出反馈意见，提交反馈会讨论。反馈会主要讨论初步审核过程中证监会所关注的主要问题，确定需要发行人解释说明、补充披露以及中介机构进一步核查落实的有关问题。

反馈会一般安排在星期三，按照申请文件受理顺序安排，由综合处组织并负责做好会议记录，参会人员有审核一处、审核二处审核人员和处室负责人等。反馈会后将形成书面意见，履行内部程序后反馈给保荐机构。

保荐机构收到证监会的反馈意见后,组织发行人及相关中介机构按照反馈会的要求落实并进行及时回复。证监会发行监管部综合处收到反馈意见回复材料进行登记后转审核一处、审核二处。审核人员按要求再次对拟上市企业的申请文件以及回复材料进行审核。

证监会相关审核部门在审核申请文件以及回复材料过程中,如发现或发生应予披露的事项而未进行披露,发行人及其中介机构应及时报告发行监管部并修改、补充相关材料。初审工作结束后,将形成初审报告(初稿)提交初审会进行讨论。

5. 预先披露环节

国家发改委意见等相关政府部门意见齐备的,证监会的反馈意见落实完毕的,财务报表和其他资料未过有效期的,将安排预先披露。

由综合处通知具备条件项目的保荐机构报送发审会材料与预先披露的招股说明书(申报稿)。发行监管部收到相关材料后接受理顺序安排初审会,进行预先披露。

6. 初审会环节

初审会由审核人员汇报拟上市股份有限公司的基本情况、初步审核中发现的主要问题及其反馈意见和落实情况。初审会由综合处组织并负责做好会议记录,发行监管部部门负责人、审核人员、审核一处和审核二处负责人、综合处以及发审委委员(按小组)参加。初审会开会时间一般安排在星期二和星期四。

根据初审会讨论的情况,审核人员进行修改、完善初审报告的工作。初审报告是对发行监管部初审工作的初步总结,在履行内部相关程序后转至发审会进行审核。

初审会讨论决定提交发审会审核的初审报告，发行监管部在初审会结束后会按照规定及时出具初审报告，并以书面形式告知拟上市股份有限公司保荐机构做好上发审会的准备工作以及需要进一步说明的事项。初审会讨论后认为拟上市股份有限公司尚有需要进一步落实的重大问题、暂不提交发审会审核的，将再次发出书面反馈意见通知发行人。

7. 发审会环节

证监会发行审核中的专家决策机制就是发审委制度。目前证监会的发审委委员共25人，分3个组，证监会发审委工作处按工作量安排各组发审委委员参加初审会和发审会，并建立了相应的承诺制度、回避制度。证监会发审委通过召开发审会对拟上市股份有限公司申报的申请文件进行审核工作。发审会对首发申请以投票方式进行表决，并提出审核意见。每次发审会议由7名委员参会，每个委员独立进行表决，同意票数达到5票即为通过。投票表决采用记名投票方式，发审委员会前有工作底稿，会上有录音，保证公开、公正和透明。

证监会发审会由发审委工作处统一进行，按时间顺序安排，参加人员主要包括项目签字保荐代表人、发行人代表、审核一处与审核二处审核人员、发审委委员、发审委工作处人员。

中国证监会在发审会召开前5天在网站和纸媒上发布发审会议公告，公布发审会审核的发行人名单、会议时间、参会发审委委员名单等相关信息。发审会先由委员发表对拟上市股份有限公司申报文件及反馈意见的审核意见，聆询时间一般为45分钟，最后由委员记名投票进行表决。如果发审会认为有需要进一步落实的问题，发审会将形成书面审核意见，在履行内部程序之后直接发给保荐机构。

8. 封卷环节

发行人的首发申请通过发审会审核后，将拟上市股份有限公司申请文件原件重新归类后存档备查，进行封卷工作。

封卷工作需要在落实证监会发审委意见后进行。如没有证监会发审委意见需要落实，则在通过发审会审核后可以立即进行封卷环节。

9. 会后事项环节

会后事项是指发行人首发申请通过发审会审核后，招股说明书刊登前发生的可能影响本次发行及对投资者做出投资决策有重大影响的应予披露的事项。存在会后事项的，券商机构或者发行人应按规定要求向综合处提交相关说明材料。综合处接收相关说明材料后，转审核一处、审核二处履行会后事项程序。发审委审核人员按要求及时提出处理意见。

按照会后事项相关规定需要重新提交发审会审核的文件材料，需要履行证监会发审委内部工作相关程序。如拟上市股份有限公司申请文件没有进入封卷环节，则会后事项与封卷环节可同时进行。

10. 核准发行环节

封卷并履行内部程序之后，将进行核准批文的下发。

征求发行人所在当地政府部门的意见。发行审核过程中，证监会将征求发行人注册地省级人民政府是否同意其发行股票的意见，并就发行人募集资金投资项目是否符合国家相关产业政策和相关的投资管理规定征求国家发改委相关部门的意见。特殊行业的企业还根据具体情况征求行业主管部门的意见。在相关主管部门和国家发改委未回复意见前，不安排相关发行人的初审会和预先披露。

发行审核过程中遇到现行规则没有明确规定的新问题、新情况，证监会发行监管部将为此召开相关人员参加的专题会议对新情况、新问题进行研究，并根据证监会发行监管部门内部工作程序提出处理意见和处理建议。

八、募股说明，给投资者以信心

1. 招股说明书及其"概要"

招股说明书像其他产品说明书一样，是对首发股票的信息进行说明的文件，其质量的高低，决定着投资者的决策。招股说明书（prospectus），简称招股书，是股份有限公司发行股票时，就发行中的有关事项向公众做出披露，并向非特定投资人提出购买或销售其股票的要约性文件。

招股说明书的基本内容要满足以下要求：发行股份公司和发起人、社会公众认购股份的一切行为，都要遵守招股说明书中的有关规定；同时必须遵守国家有关规定，如有违反，要承担相应的法律责任和后果。

招股说明书中的"概要"属于法定信息披露文件之一。概要也应当与招股说明书一并报请证监会证券监管机构审批。作为招股说明书附件，招股说明书概要应依照证监会证券监管机构要求和法律规定记载法定内容。

招股说明书概要属于引导性阅读文件。由于招股说明书内容详尽，篇幅较长，不便于投资者在短时间内阅读和了解，从投资者实用角度考虑，招股文件应具有通俗性，易于理解，尽可能简要、迅速、广泛地向社会公众投资者传达和提供有关股票发行的情况，因此应以简明扼要的文字撰写招股说明书的概要，对招股说明书的主要内容进行概括和简化。一般情况下，招股说明书概要为1万字左右，不可太长也不可太短。

招股说明书概要属于非发售文件。根据证监会和相关法律法规的现行规定，招股说明书概要标题下必须记载下列文字："本招股说明书概要的目的仅为尽可能广泛、迅速地向公众提供有关本次发行的简要情况。招股说明书全文为本次发售股票的正式法律文件。投资者在做出认购本股的决定之前，应首先仔细阅读招股说明书全文，并以全文作为投资决定的依据。"虽然招股说明书概要并非发售文件，但同样不得误导投资人。

此外，招股说明书的备注、形式、拟订、审批、公告形式等也是需要了解的。

关于招股说明书备注。公司通过审核后，招股说明书的法定内容根据《公司法》的相关条款规定，招股说明书应当附有发起人制定的公司章程，并载明下列事项：发起人认购股份数；每股的票面金额发行价格；无记名股票的发行总数；认购人的权利、义务；本次募股的起止期限及逾期未募足时认股人可撤回所认股份的说明。

关于招股说明书的形式。没有特殊情况，招股说明书一般应采用书面形式，其文本格式由发起人自行确定。

关于招股说明书的拟订。招股说明书由发起人和中介机构拟订，经所有发起人认可并同意后，提交政府相应的授权部门进行审批。

关于招股说明书的审批。由政府授权部门进行招股说明书的审批。目前我国只允许上海、深圳两市股票上市，上述两市设立股份有限公司的招股说明书由人民银行分行、体改办审批。位于其他地区的具备上市交易条件的公司，只能到上海、深圳的证券交易所进行上市，其招股说明书由国务院股票上市办公会议负责进行审批。

关于招股说明书的公告形式。发起人通过新闻媒介予以公告经政府授权部门批准的招股说明书，以便社会公众知晓。我国招股说明书的公告主要采取由报纸全文发布招股说明书的形式进行公告。

2. 招股说明书的编撰准则

招股说明书是一个较为严肃和规范的文件，对其格式和内容的要求相对严格，其每一个章节和具体内容也有相对固定的规范和要求。作为民营企业和其他读者需要详细了解的文件，可以查阅证监会的相关文件和规定。

招股说明书封面都有严格的要求，其封面应载明下列事项：发行人的名称及公司住所；"招股说明书"字样，送交证监会审核的稿件必须标有"送审稿"显著字样；说明发行股票的类型，如普通股、优先股或者境内上市外资股等；如果同时发行认股证，还须列明认股证与股票的比例；重要提示，必须按照本准则附件一规定的文字列示；发行量、每股面值、每股发行价、发行费用、募集资金，采用上网竞争价方式发行股票的，应标明发行底价；发行方式及发行期；拟上市证券交易所；主承销商；推荐人；签署日期。

招股说明书的内容应遵循一定准则。其基本原则是要求发行人将全部的对投资者进行投资判断有重大影响的信息进行充分披露，以利于投资者更好地依据这些信息来做出判断，做出投资决策。

具体来说，应该遵循以下原则：

第一，凡对投资者做出投资决策有重大影响的相关信息，均应按照规定予以披露。

第二，虽然本准则没有规定，但是发行人认为有助于投资者做出投资决策的相关信息，发行人可在招股说明书之中增加这部分内容。

第三，发行人可根据实际情况对某些对发行人确实不适用的具体要求做出适当修改，同时以书面形式报告证监会相关部门，并在招股说明书中予以说明。发行人成立不足3年的，应提供发行人的全部资料，包含自成立之日起至进行股票公开发行准备工作之时止的这个时段的经营业绩及其他相关的企业资料。

第四，如果发行人由原有企业经改制而设立，且改制不足3年，则发行人根据相关规定的要求对其历史情况，包括原有企业情况进行披露。

第五，境内上市外资股的发行人，应当增加了解中国一般情况的资料，增加关于中国经济、法律、政治、文化等有助于外国投资人的资料，以及有助于投资者对发行人增加了解的其他资料。证监会认为有必要时，在中国境内上市外资股发行人应编制招股说明书的相关的外文文本。发行人应当保证中文和外文两种版本内容的一致性。如果投资者对两种文本的理解上发生歧义，应该以中文文本为准。

3. 招股说明书写作的注意事项

招股说明书写作的总体要求是：切忌八股文，言简意赅，删繁就简，有理有据，充分披露。

第一，招股说明书有效日期为6个月，自招股说明书签署之日起计算。发行人不得使用过期的招股说明书发行股票。发行人在招股说明书有效期内未能发行股票，必须修订招股说明书，补充最新的财会资料和其他信息。这些修改、补充的信息，须先经承销商、推荐人以及与该信息有关的中介机构（如律师、注册会计师或资产评估人员）的认可，再报证监会审核后，发行人方可发行。

第二，招股说明书不得刊登任何个人、机构或企业的题字，任何有祝贺性、恭维性或推荐性的词句，以及任何广告、宣传性用语。

第三，招股说明书中的数字应当采用阿拉伯数字。招股说明书中有关货币金额的资料除特别说明之外，应指人民币金额。

第四，招股说明书的内容必须客观。对发行人的描述真实，要符合实际，不夸大，不吹捧，文字朴实。

第五，必须充分披露信息。"充分"实际上是最难以把握的，存在于每人的主观判断。同时，预审员也会根据自己的判断提出反馈意见，或者要求补充披露。对"充分"最好的把握就是换位思考，即如果你是投资者，你想知道发行人什么，目前的披露是否足以了解发行人。在大多数情况下，"充分"总是适当表达的。

第六，必须准确反映问题和数据。对于问题，准确主要体现在：对问题的把握及其描述是否准确，对问题的处理及其描述是否准确，对问题的潜在影响的分析及其描述是否准确。对于数据，准确体现在：引用数据准确无误，数据来源清晰，分析思路准确。

第七，描述简洁。对于招股说明书，由于内容非常多，信息量大，在描述中一定要简洁，切忌啰唆。由于招股说明书的规定很多是重复的，所以需要尽量相互引用。

九、上市路演是一个好秀场

1. 路演及其目的

路演，源自于英文"Road Show"，是国际上通用的证券发行的一种有效的推广方式，是证券发行商在公司上市发行IPO前针对可能的投资者进行的巡回推介的一系列活动。在活动中，发行商通过演示和说明将发行证券的价值呈现出来，加深投资者对其企业价值的认知程度，发行商可以从中了解投资人的投资意向，发现投资价值定位和投资需求，确保证券的成功发行；向投资者就公司的产品、业绩、发展方向、发展前景等做详细介绍，充分阐述拟上市股份有限公司的投资价值和发展潜力，让准投资者们深入了解相关的具体情况，并回答机构投资者所关心的问题。在海外股票市场，承销商和股票发行人要根据路演的情况来决定发行价格、发行量和发行的时机。

路演的目的是促进股票发行人与投资者之间的信息交流和沟通，增进了解，以保证股票的顺利发行。

路演就是为了发行的成功，是一个促销的过程。发行人带有指向性地充分地进行资本市场的"促销"，明确发行人在资本市场的价值定位；通过路演，在定量和定性两方面形成对潜在投资需求的可能和数量的价格区间；通过路演，可以增强互动，加深对资本市场的了解，形成更为准确的发行定价，切实保证发行的成功，甚至达到超额认购的理想效果；为企业股票上市以后的价格表现开创新的局面，为企业再融资打下良好的基础。

目前在我国，随着互联网的普及，上市公司新股推介的形式发生了一些变化，一种新的路演形式诞生了，这就是网上路演，它已成为了上市公司新股推介的重要形式之一，是新闻发布模式和网上互动交流模式。网上路演的形式已由最初的新股推介转变为产品推介、业绩推介、上市仪式直播、上市抽签、重大事件实时报道等几种形式。互联网为证券市场信息披露及信息交流提供了新的渠道和平台，这一探索无疑已取得了初步的成功，收到了良好的效果。

为了体现"公开、公平、公正"的原则，维护中小投资者的利益，规范日趋壮大的中国证券市场，中国证监会于2001年1月10日发布的《关于新股发行公司通过互联网进行公司推介的通知》要求："新股发行公司在新股发行前，必须通过互联网采用网上直播（至少包括图象直播和文字直播）方式向投资者进行公司推介。"

2. 上市公司路演代表案例

对于上市公司的路演，有几个比较有代表性的例子，它们分别代表着在各个市场上市的企业路演的不同表现。

（1）阿里巴巴在美国的上市路演

2014年，阿里巴巴集团于美国当地时间9月8日在纽约启动上市路演，美国史上最大的IPO由此正式拉开帷幕。在路演过程中，阿里巴巴集团创始人马云发表了演讲，寻求减轻投资者对于阿里巴巴治理结构和扩张战略的担忧。马云告诉与会投资者，多年前他来美国融资，被30家风投拒绝。"现在我回来了，打算问你们多要点钱。"他说。马云的这句话引起现场一阵大笑。

阿里巴巴计划并未安排马云接受提问，但是马云还是直接回答了现场投资者的提问。马云还解释了2011年分拆支付宝的事情，该事件当时引起了阿里巴巴大股东雅虎的不满，并招致投资者的批评。马云称，这是他最为艰难的决定之一，但是从长期来看，相信这是对公司最好的做法。其他阿里巴巴高管也接受了投资者的提问。在回答国际扩张的问题时，阿里巴巴高管称，该公司主要还是专注于中国。在中国，只有半数人使用互联网，半数人网上购物。

此次路演共有800名投资者参加。阿里巴巴在当天的路演中提供了快餐，然后进行了视频演示，之后由马云进行了介绍。最后，投资者还得以向阿里巴巴CFO武卫和副董事长蔡崇信提问。阿里巴巴举行近10天的路演活动，试图为此次创纪录的IPO吸引需求。该公司计划在此次IPO中以1627亿美元的估值，销售211亿美元股票。这也使得阿里巴巴成为在美国上市的第三大互联网公司，仅次于谷歌和Facebook（美国的一个社交网络服务网站）。

在阿里巴巴美国路演首日，有超过1000位投资者赶赴华尔道夫酒店参加路演午餐会。因为人数实在太多，现场排的队伍拐了18个弯，光是等电梯就需要30分钟，这一盛况远远超过苹果旗舰店门口狂热"粉丝"等待iPhone 6的场景。

在路演活动开始前一小时，华尔道夫酒店的大厅门外就开始排起了长队，他们手拿平板计算机，低头划着智能型手机排队，等待搭乘电梯，与创办人马云、集团副主席蔡崇信等阿里巴巴团队近距离沟通。马云谈到了阿里巴巴起步时的艰难。马云和阿里巴巴其他高管称，该公司仍将专注于中国市场营业收入的增长，而不是海外。阿里巴巴还介绍了他们与支付宝子公司之间的关系。

纽约推介会是阿里巴巴为期10天的IPO路演的开始。在此之后，阿里巴巴两支由高管和银行家组成的团队将移师波士顿等其他美国城市，再转战新加坡以及中国香港、英国伦敦。

（2）天津银行在香港地区上市路演

2016年的3月13日香港联交所公告显示，天津银行已经通过港交所聆讯，首次公开募股不超过10亿美元（约合78亿港元）。天津银行于近日进行了IPO路演。2016年3月30日，天津银行在香港联合交易所主板成功上市，股票代码为1578.HK，成为国内第八家在香港联交所挂牌的城商行，也是天津市首家登陆香港资本市场的金融企业。

天津银行在启动上市计划3年后，有望完成H股（也称国企股，指注册地在内地、上市地在香港地区的外资股）上市。实际上，早在2007年自"天津城市商业银行"正式更名为"天津银行"后，该行便开始筹备上市，但一直没有进入申报材料的阶段。天津银行2012年年报显示，2012年7月，在天津银行第四届董事会第四次会议上，董事会曾通过了申请首次发行H股股票的方案。但在2013年4月的股东大会上，该行H股上市方案并没有作为其中一项议题。

2015年12月28日，天津银行向港交所递交上市文件。预披露文件显示，招股价在7.37港元～9.58港元。2016年1月4日，天津银行的预披露文件在港交所上市申请项目中消失不见了。在2016年1月12日，天津银行该预披露文件再一次出现。

此外，天津银行表示，若有可能，天津银行计划在A股和H股上市。"上市对天津银行会带来帮助，围绕能够达到上市的条件，会使公司治理机制更加完善，各项业务更规范。"天津银行预披露文件显示。

如果站在天津银行的角度，在A股（人民币普通股）上市更好，内地市场会更活跃，H股对城商行的估值要求会比较高。公开资料显示，由于前几年上市不顺，在天津银行的十大股东中，有5家股东曾将所持有的天津银行股权质押给信托公司或银行进行融资，以补充公司的流动资金。

天津银行2014年年报显示，该行实现净利润44.2亿元，同比增长29.23%；全行资产总额达到4774亿元，同比增幅18%。资产大幅增长的背后，是同业业务的贡献增加。2014年，天津银行盈利资产构成中，发放贷款和垫款、存放中央银行、投资的占比均出现下滑，仅同业往来款项有所增长。在其同业业务的资产端中，增加最快的是买入返售金融资产。截至2014年年底，该行买入返售金融资产是2012年的7倍，存放同业款项以及拆出资金均比2013年增长1倍。

未上市城商行利用同业业务扩张资产负债表，或是为上市做准备，徽商银行曾经就是明显的例子。由于银行贷款规模、信贷比等指标有所限制，银行通过同业业务这种间接方式扩大资产负债规模。截至2015年年底，天津银行营业收入为1192亿元，同比增长19.9%，这主要得益于净利息收入的增加。

随着2015年以来央行的数次降息，银行的息差收入进一步收窄。如果想要保持2016年营业收入依旧高速增长，天津银行亟须挖掘新的利润增长点，保持业绩的增长。

（3）木林森A股上市路演

木林森（002745）公司于2015年2月9日在全景网进行首次公开发行股票的网上路演。

作为国内最大的LED封装企业，木林森股份有限公司是国内LED封装及应用产品的主要供应商。一直专注于LED封装及应用系列产品的研发和生产。2014年前三季营业收入达27.69亿元，此次募集资金投向LAMPLED产品技术改造项目、SMDLED产品技术改造项目、LED示屏、室内外照明灯和灯饰，以及LED产品研发项目。用于扩大核心业务产能和补充运营资金。

木林森近3年复合增长率超过50%。1997年，孙清焕于中山市注册成立木林森公司，是国内较早生产LED封装和LED应用的企业，可以说是龙头老大。2010年，木林森搬迁至中山市的小榄镇工业区，公司名变更登记为"木林森股份"，开启上市征途。2011年7月，木林森股份通过证监会的过堂会审，IPO申请却是屡屡受挫。尽管上市之路一波三折，充满坎坷，木林森的业绩在此后却一路飙升。据招股说明书中的信息披露，2011年该公司营业收入为12.7亿元，2012年为17.8亿元，2013年为28.7亿元，2014年前三季已达到27.7亿元，年复合增长率超过50%。

木林森股份在全国有20多家子公司，销售网络遍布全国各地。对比国内同行，在LED封装领域，木林森已经是做得很好的企业，以其庞大的体量，堪称中山LED行业领头羊。可与木林森比肩的是台湾亿光电子。截至2014年9月30日，木林森LED光源年产能达1270亿只，生产能力在国内可算是首屈一指，没有几个能够超越木林森。

近年来木林森也在进行智能化改造，生产设备已大规模实现全自动化，科技创新方面也做了不少努力。有效降低了成本。LED封装及应用领域也取得一系列骄人的成果，先后承担广东省产学研结合项目、广东省重大科技专项计划项目，成为地方政府的重要民营企业。

第四章
民营企业并购重组

步入资本模式
——民企上市之路

一、并购重组开启快速发展之路

对于民营企业来说，要想实现资本和企业规模的快速增长、企业业务范围和经营业绩快速提升，并购重组无疑是一个较好的方式。并购就是为了做大做强，迅速扩大规模和市场份额，实现民营企业在资本市场上融资。

企业并购的目的无非就是取得目标企业的经营控制权，从而将目标企业直接或间接地纳入自身所属企业的控制之下，充分发挥企业并购的三个协同效应：企业经营的协同效应、企业财务管理的协同效应和企业市场份额的协同效应。并购和被并购企业的双方在降低成本、增强技术优势、改善企业经营管理、提高市场竞争力和企业经济效益等方面，都得到相对较大的改进和改善。具体来说，企业并购有以下几方面的意义。

1. 并购提升企业知名度和竞争实力

并购能使企业在较短时间内迅速壮大起来，给企业带来规模经营的经济效应，扩大市场份额占有率，提升企业知名度和竞争实力。

通过并购，企业生产规模经济效应得到体现。作为民营企业可以通过并购对企业的资产进行调整、优化和补充，使企业短时间内能够达到最佳经济规模水平，从而大大降低企业的生产成本。并购也使民营企业有条件做好产品生产线的优化工作，可以实现集中在一个车间内进行某些单一品种产品的生产加工，达到专业化生产管理水平，解决专业化生产的问题，各生产车间和单元、各生产过程有机地配合，互相协调，实现企业的规模经济效益。

企业的经营规模效应有时候需要依靠市场来实现，企业的产品和服务最终要走向市场。企业通过并购，调整生产单元，可以针对不同的市场或顾客提供专门的产品和服务，满足不同层次的消费者和市场的需求。通过并购，集中优质资源，集中经费用于产品的研究、开发，生产工艺改进和设计，依据市场需求和变化迅速推出新产品，采用新技术、新科技。企业规模的扩大、效益的增长、利润的增加对于企业的融资无疑是有帮助的。

2. 并购提高企业市场地位，赢得市场话语权

并购增加了企业的体量，提高了市场地位，进而赢得市场话语权。企业的纵向并购通过对大量关键销售渠道和原材料形成控制，有力地控制同行业其他企业的活动，提高企业所在领域的差异化优势和进入壁垒；企业通过横向并购活动，可以提高市场竞争力和占有率，凭借同行业其他企业的减少来增加本企业对市场的掌控力。

一般认为，下列三种情况下企业会以增强市场掌控力进行并购：

第一，在市场需求下降、企业所在行业的生产能力严重过剩的情况下，企业可以通过并购，在市场上取得有利的地位。

第二，在国际竞争中，国内市场遭受国外同类企业的强烈冲击和大规模渗透的情况下，企业生存艰难，市场份额下降，企业可以通过并购实现对市场的控制力，用以对抗外来企业的不利竞争。

第三，由于国家和行业的相关法律法规更加严格和规范，同类企业间合作的方式受到很多的限制，无法实现对市场状况的掌控，企业为了生存和发展，为了实现经营利润，通过并购达到控制市场的最终目的。

3. 并购给企业带来成本和费用的减少

企业通过并购可以从以下几方面节约交易费用：

第一，企业通过并购，开发和研究的投入增加，企业获得技术进步。在外部环境和信息不对称的情况下，知识的市场价值需要付

出高昂的谈判成本才得以实现。此时，通过并购使知识在并购企业和被并购企业内得到广泛使用，拓宽了知识和技术的应用范围，自然节约了费用和成本。

第二，企业的商誉、商标等无形资产的运用范围得到扩大，其进一步推广，自然也会节约很大一笔费用。商标使用者如果降低产品的质量，企业短时间内可以获得好处，生产成本得以下降，但商誉对于企业在市场上的作用巨大，如果商誉受到损失，商标使用者要承担严重的后果。解决这一问题的根本是加强企业监督，通过并购将商标其他使用者变为企业的内部成员之一。作为内部成员之一，降低产品的质量使用者只会承受损失而得不到任何的利益，消除了投机行为的动机。

第三，企业的生产会有大量的中间产品的财务投入，而中间产品由于自身的属性，市场存在供给的质量难以控制、不确定性和投机行为等问题。通过企业并购将竞争者变为内部成员，消除了以上可能出现的问题。

第四，通过企业并购，组织规模会变得庞大，组织内部的职能更加细化，形成一个以现代管理和合理分工为基础的内部管理体系。相对于松散的市场主体来说，行政指令在企业内的协调会更加有效，成本也会降低。

4. 并购给企业带来绩效增加

并购能给企业带来绩效的增加，也会让企业外部环境发生变化，这些也是企业并购的重要理由和动因之一。

随着经济全球化进程的不断加快，经济发展的互动性增强，越来越多的国内企业开始选择合适的机会进入国际市场，为自身发展开拓思路。全球市场竞争压力日益增强，正是为了应对这一变化，发展中国家和发达国家的跨国经营企业发展全球化经营，通过非股权投资和国外直接投资，充分利用生产要素的优势来建立覆盖全世界的生产网络，不断开发新的国际市场，对于企业来说，企业间的并购是快速拓展市场和建立国际化网络的最有效的途径之一。

二、并购重组的基本原则

并不是所有的企业都需要并购重组，并购重组也有原则可循。并购重组对企业来说是个浴火重生的过程，企业将面临理清内部产权制度、发挥集团的优势、内部资源的整合和改造、改善集团管控制度等一系列问题；而并购最艰巨、最重要、最困难的工作是并购之后并购企业间的资源的整合，做好这一工作并非易事，需遵循五大基本原则，它们是解决并购重组问题的重要途径。这五大原则是一个整体，缺一不可，不可割裂开来。

1. "法"和"规"

法律和规则是第一原则。企业并购最直接的结果是目标企业控制权的改变或目标企业法人地位的消失，需要双方依据规则对目标企业的要素进行重新整合，体现企业并购方的意图、战略目标和经营思想。但这一切不能仅从理想和个人主观愿望出发，也不是某一个人所能决定的，企业并购整合的每一项操作都要受到法律法规和制度的约束。

每一个企业其行为都要受到法律法规和规定的约束，在涉及企业经营权、所有权的问题，以及购销、承包等债权的变更、设立、终止时，都要严格依法行事。这样才能避免各种来自部门、地方等的法律风险，也才能得到法律的保护。第一原则就是规避法律风险。

2. 实效性原则

并购后的资源整合要收到实际效果，即在人员、财务和资产等各个要素整合的过程中，不论采取什么样的手段和方式，要坚持体现效益最大化原则，以提高企业竞争能力，使资源得到优化配置，从而保障企业内部员工的稳定、企业经济效益的提高、企业形象的完善、企业文化的发扬光大。应避免整合中谋而不合、急功近利、貌合神离的现象发生。

3. 优势互补性原则

企业是经济实体，是由各种要素组成的。构成企业的各种要素保持动态平衡和合理配置，企业才能健康发展，而这种动态平衡是要素在一定条件下、一定空间内和一定时间的存在状态。要素间的动态平衡和最佳组合是长期形成的，是适应环境的过程中逐步形成和发展的结果，是企业要素之间不断调整的结果。因此，在整合过程中，一定要依据实际情况，从企业的整体优势和战略目标出发，合理取舍，善于取舍，大胆取舍。通过优势互补实现新条件、新环境下的最优化组合，突出优势，弥补劣势，促进企业的不断优化和发展。

4. 可操作性原则

企业的并购整合涉及的步骤和程序应当是在目前条件下是可操作的，或者操作所需要的设施或条件在一定条件下可以以其他方式获得或创造出来的，剔除事实障碍和法律障碍。整合的内容、方式和结果便于股东理解和控制。如果可操作性不强或者根本不具有可操作性，那么并购重组无疑是失败的。

5. 系统性原则

并购整合本身就是一项技术性很强的系统工程，涉及企业各种要素的整合，涉及企业人员、资源和文化的方方面面，如果操作不当，使之失去平衡，那么并购就是失败的。

企业系统的整合应包括以下几方面内容：

第一，战略整合。

企业并购后，形成新的企业组织形式，战略目标和战略方向必须依据新的企业战略重新定位，这关系到企业长远的发展目标。

第二，财务整合。

保证并购后财务工作的统一性、连续性和稳定性，使并购企业尽快在资本市场上形成优势，具有竞争潜力。

第三，人力资源整合。

企业要重新分配、调整管理人员和技术人员，调整组织机构人员配置，并购后使企业各个部门能够在最短时间内实现正常高效地运转。

第四，组织与制度整合。

并购后的企业必须建立新的适合的组织结构，把企业系统的各个环节和活动重新制度化、部门化，明确各部门责权利关系，保证各项工作的无缝对接，在新的组织架构下得以顺畅运行。

第五，品牌整合。

无论是对并购企业还是对目标企业而言，品牌都是企业经营和发展的重点，做好品牌整合与构建工作，发挥品牌协同作用。

第六，文化整合。

文化整合包括并购双方企业的价值观、领导风格、行为方式和企业精神的相互吸纳、补充和融合，添加新的企业文化元素，保证双方能够接受新的企业文化，促进企业发展。

总之，并购要保证对现有法律法规和政策制度的深入理解与实施，应用优势互补性原则、实效性原则、可操作性原则、系统性原则，找出问题，对症下药，解决问题。遵循这些原则来实施并购，可以提高工作效率，真正发挥出原有企业的优势，实现战略目标。

三、制订全面的并购重组计划

并购开始前,就像做任何事情一样,要制订计划,使之有步骤地往前推进。在制定企业并购战略的同时,开始考虑并购的计划。并购计划是企业发展计划的一个重要组成部分。

并购计划包括战略评估和业务整合计划、支付节奏等多方面内容,涉及并购之后的经营模式,资源的整合策略,等等。在企业并购重组过程中,并购计划是不可或缺的重要一环,有着十分重要的作用。

1. 制订并购计划

如果企业决定实施并购战略,就需要依据企业战略的要求,制定明确的并购计划,对并购的环节和要求、并购程序做出具体的安排。民营企业在实施并购之前,没有明确的并购计划,会导致并购的失败。由于国内民营企业自身的原因,往往对并购计划缺乏深层次的认知,对其重要性认识不足,导致并购进程不顺畅。

2. 研究法律环境

在国内实施并购各地所依据的法律法规基本相同,但是地方政策不尽相同,所以要研究政策和规定,了解地域风土人情,了解当地政府态度。国外并购更要深入了解这个国家的法律制度、财务制度,了解企业所在国家的文化,分析这些国家的法律、法规、文化和政策的不同。

在此我们重点关注企业的境外并购。

当前情况下,初步具备了境外并购资金实力的我国民营企业仍然具有低成本优势。但并购的成功实施,仅有低成本和资金实力是完全不能满足并购要求的。目标企业所在国家政府对资本市场的管制和所在国家的反垄断法，均可能对并购行为形成制约。对当地的法律制度和文化环境，特别是对工会法、劳动法等法律不熟悉，会为此付出巨大代价。熟悉国际惯例，掌握国际规则，了解目标企业所在国家的法律制度和文化环境，是准备境外并购的企业必须关注的问题。

3. 重视并购和管理团队的衔接和过渡

并购风险伴随着企业并购的全过程，所以应该进行全过程风险管理，做好全过程的风险控制。在实际操作上，由于国内企业缺乏境外并购经验，前期沟通由企业委托的专业咨询机构进行，并购后企业双方在思维方式、企业文化、管理理念等方面容易产生分歧，同时还存在地域法律差别。要重视并购团队建设，并购后实施整合及运作管理团队的衔接和过渡，让并购团队参与并购的全过程之中，体验每一步细节。如果此项工作有缺失，并购团队很可能为了使交易能够顺利达成，把一些不确定性或的复杂性问题屏蔽掉，留给后续实施阶段的管理团队解决，这不仅增加了并购整合难度，还会增加并购的风险，甚至可能导致并购的失败。

4. 注重并购后的企业管理整合

由于并购企业双方在管理方法和理念等方面存在明显差异，使得并购后企业如何融合成为一个有机的整体成为一个棘手的问题。企业的制度和管理方法应符合其自身运作特点和发展阶段。企业并购的目的是以优补劣、取长补短，企业成熟的组织模式和先进的管理方法能否在并购之后的企业之中很快适应并发挥作用是个大问题。如果目标企业的管理方法得当，经营状况良好，则应尽可能地保持目标企业的管理制度和方法的连续性和稳定性，借鉴到并购后的新的企业之中来。

但从长远看，并购后的企业必须进行整合，实现统一的管理方法，避免管理上的混乱。因此应充分吸取各自优点，避免不足，取长补短，进行管理制度深度整合和融合。并购后企业规模无疑会扩大，沟通方式、信息传递和管理方法等均会发生相应的变化，因循守旧，不知变通，必然难以适应新的企业环境，并造成效率低下、管理僵化的严重后果。因此，企业并购后必然会伴随管理模式的变革，根据变化了的企业内外部环境对原有管理模式进行创新、改造、融合和调整，这是企业并购后各方面整合面临的一项长期而艰巨的任务。

5. 加强企业文化的整合

中国企业境外并购后面临企业文化差异的挑战，使得企业文化整合成为并购后最艰巨的整合任务。在以往的发展中，中国企业在境外的形象往往与低价格的产品和低效率联系在一起，被并购企业依惯性思维对中国企业持一种怀疑的态度和偏见，由此给双方在业务及组织上的整合带来阻碍，整合难度大为增加。中国企业要想把文化的冲突降到最低程度，就应着力如何构建双方员工共同接受的企业文化，而不是非此即彼地选择一种文化。不应把焦点放在两种文化的差异上，而应该权衡利弊得失，求同存异，应在文化整合和企业自主权的维护方面找到平衡，而不应对文化整合操之过急，以免导致资产价值的流失。

6. 重视人力资源的整合

许多并购的案例表明，人才流失是并购失败的一个重要因素。

中国社会有其特殊的文化内涵，作为企业深受社会文化的影响，并购企业的整合，不仅是组织架构的整合，企业文化的整合，更是人才观的整合。企业并购后如果人力资源整合不到位，被并购企业核心管理层可能会大面积流失，这个结果对企业发展显然是很不利的。然而，绝大多数的中国企业都没有国外市场的经验，此时被并购企业原有核心人才的作用显得更为重要了。留住人才就是留住企业的市场和利润，就是留住企业的未来，这对于并购企业来讲，是完成并购整合的捷径，也是企业顺利过渡、稳定发展的基石。

7. 并购前期做好论证工作

并购是一种投资活动，而且是一种非常复杂的投资活动，具有很强的专业技术性。企业并购过程中涉及各种专业知识，包括财务、管理、战略、法律和文化等各个方面，仅仅依靠企业自身的力量往往难以完成这一复杂过程，需要专业人员的协助，需要专业的咨询机构提供服务。同时并购又是一项高收益与高风险相伴的活动，其中债务风险、融资风险、法律风险、经营风险、信息风险及违约风险等都有可能出现。企业在并购前应做好充分的论证工作，并做好充足的准备，寻找合适的专业咨询机构，使之成为企业并购过程中的重要参谋和助手。

8. 民营企业境外并购需做好前期报告

近几年随着我国民营企业的发展壮大，其涉外并购不断增加，为我们国家民营企业开拓国际市场打开了新的窗口。在这方面，民营企业实施境外并购需要做好前期报告。

根据国家商务部和国家外汇管理局颁发的《企业境外并购事项前期报告制度》的规定，我国企业境外并购时，须及时向国家商务部及地方省级商务主管部门和国家外汇管理局及地方省级外汇管理部门报告。并购企业一定不可忽视这一点，如果并购未得到国家部门的认可，显然是无效的，对企业来说无疑会造成极大的损失和不良的国际国内影响，甚至企业会为此付出惨重的代价。

四、并购重组的一般步骤和三个节点

并购步骤一般分为三个阶段：准备阶段、谈判阶段、企业资源整合阶段。在企业并购过程中，也可根据实际情况做适当调整。作为并购企业，按照国家相关部门的规定，按部就班地完成并购重组工作。如果超越某些步骤，可以向相关部门汇报，准备进入并购程序的企业，尤其是民营企业可以参照相关规定执行。同时，必须把握好并购过程中的几个关键节点，以使并购收到预期效果。

1. 并购的一般步骤

并购的步骤一般可分为以下几步：

第一步：并购前的各项准备工作。并购双方是国内股份制企业和中外合资企业的，并购前必须经公司董事会（或股东大会）讨论通过，并按照要求征求职工代表意见，报国家规定的部门备案。

第二步：双方按照规定到相关部门进行产权的相关登记、办理转让。

第三步：洽谈。无论是通过第三方牵线还是双方自主结合的，都得有一个艰苦的谈判过程。在律师、会计师和审计师的指导下，在交易所有关部门的协助下，就产权交易、就双方并购的协议的实质性条件进行多次艰苦的谈判。

第四步：资产评估。双方经过谈判和磨合，达成并购的初步意向后，双方委托经政府部门认可的资产评估机构对目标企业进行资产评估。

第五步：签约。在多次谈判的基础上，在充分协商的基础上，签订企业并购协议书，或并购合同，这一合同一般是由并购双方的法人代表签署，也可以由法人代表授权的人员签署。

第六步：并购双方报请政府授权部门审批，并到工商行政管理部门核准登记做好各项变更工作。

第七步：产权交接。并购双方的资产在有关部门的监督下完成移交，按照协议办理各项移交手续。

第八步：发布并购公告。将并购的事实采取不同方式向社会公布，可以公开刊登，也可由有关机构发布，让社会大众有知情权，以进一步调整企业相关的业务。

2. 并购的三个节点

并购的三个节点指的是法律节点、企业文化节点和政策节点，它们是在并购过程和资源整合过程中几个较为突出的问题。

（1）法律节点

并购是一种风险与收益并存的商业行为，并购之中也有一些法律上的风险。把握好法律节点，可以最大限度地规避法律风险。

并购中的法律风险与避险措施有以下几个方面：

第一，由于信息不对称而引发的法律风险。最大的法律风险是信息的不对称，并购企业的管理者对被并购企业的了解，与被并购企业原来的管理者相比，信息是不全面、不对称、不客观的，这就给并购埋下了隐患，给并购带来风险因素和不确定性。被并购方往往会隐瞒一些影响价格和交易谈判的对自己不利的信息，比如，被并购的目标企业对外有负债、有对外担保，存在实际无法收回的应收账款，等等。并购一旦完成，这些问题就会逐步暴露出来，引起不必要的法律纠纷，给企业带来损失，带来发展的不确定性，企业有可能会付出惨重代价。

第二，由于法律不统一而引发的风险。无论是对内还是对外并购都可能存在这种风险。先说对外，并购双方受不同国家和地区的法律制度约束，而不同国家的法律制度和体系由于国情、文化背景不同，各具特点，因而造成当事人权利义务不对称，这种不对称进而引发并购的风险。这种法律不对称的风险在我国境内发生的并购也同样可能存在，各地方政府赋予企业权利的方式可能存在差异，这也给并购带来了风险。

第三，并购协议与程序合法性等的风险。并购协议按照法律规定签订，在执行过程中，也要按照法律规定程序履行，否则不仅可能导致并购失败和协议无效，而且可能产生并购法律诉讼，给企业带来层出不穷的麻烦和不必要的后果。并购之后资源整合方式会出现一系列问题，这些问题如果得不到恰当的解决，极有可能导致目标方与并购方之间的纠纷，影响企业的顺利运转，后患无穷，给企业造成不可估量的损失。

第四，目标公司反收购的风险。面对并购方的恶意收购或敌意收购，其实是争夺公司的控制权，采取反并购措施是目标公司董事会不得已的做法，即夺回控制权。"死亡换股""焦土战术"等反并购手段会经常出现在并购的过程中，会给双方带来损害和危害。我国目前产权改革还不是很到位，社会主义市场经济体制尚处于成长时期，法律体系有待进一步完善。实践中，并购企业要注意操作的规范性，否则会对并购产生不利后果。

第五，行政干预导致的风险。公司并购应该是企业的经济行为，是依据市场需要而采取的经济手段。然而在我国，地方政府不同程度的行政干预，地方保护主义依然存在。有时甚至政府在企业并购中起主导作用，带有强烈的"拉郎配"的行政色彩。即使是民营企业，也往往受到来自政府机构、来自政府相关部门的方方面面的影响，这些行为都可能会使企业并购产生不可估量的风险，造成严重的后果。

第六，产权不明晰、主体不具备资格导致的风险。被并购目标企业的产权在被并购之前应该进行严格的界定，如果没有按照规定向有关部门办理相关法定手续，没有进行界定或界定不合理，导致目标企业的产权不明，并购后容易造成双方产权确认纠纷，造成新老股东之间的争议，使公司股权无法确认，从而导致并购后企业无法正常运转。

第七，利用并购进行欺诈导致的风险。并购方以分期付款或者其他手段作为诱饵，与被并购的目标企业先签订并购协议，且着手办理资产的产权转移手续，然后再将资产转移，或者抵押，或者质押贷款，最后拒不支付剩余款项，甚至采取避而不见或者远走高飞的无赖手段，致使目标企业债权无法追回，资产无端被侵占。也可能出现被并购方恶意隐瞒债务，隐瞒担保债务或其他债务，对债权进行"技术处理"，致使并购完成后并购企业的债务增加，给企业带来麻烦和负担。

第八，因员工安置问题而导致的风险。并购后的企业，需要进行资源的整合，为适应新的企业运行机制的需要，在人力资源整合时，会对劳动合同进行变更或者重新签订劳动合同，这样容易造成企业与劳动者之间的争议。企业也可能借机调整政策，对不在岗的员工的合法权益造成侵害。

（2）企业文化节点

企业文化是指在特定的社会经济条件下，通过社会实践所形成的并为全体成员遵循的价值观念、职业道德、行为规范和准则的总和。

企业文化在企业发展过程中形成，随着企业的不断发展壮大而逐步成熟。企业文化带着时代的烙印，带着企业成长的印记，也带着企业管理者的气质和品格。并购之后的企业文化整合是指并购企业和目标企业间原来不同的企业文化的磨合，形成新的企业文化。文化整合需要企业的认同，需要得到全体员工的认可和支持。这对于企业文化的整合来说显然并不是件容易的事情。

文化整合过程中存在的问题主要有以下几个方面：

第一，企业管理者对文化冲突重视不够。企业文化是既看不见也摸不着，但它实实在在，存在于企业管理和运行的每一个环节，存在于企业管理者的脑海中,存在于企业全体员工的理念中。一些企业管理者认为企业文化是虚无的东西,对文化整合无意识或认识模糊,只注重组织结构等"硬件"的调整,而忽视文化软实力,认为只要企业并购成功,"硬件"整合成功,企业文化会迎刃而解,然而事实并非如此。并购后的企业内部必然会存在文化的冲突。企业文化形成的环境不同,管理者的理念不同,管理者的人格魅力不同,企业发展的历史不同,企业文化的内涵也会有不同。

第二,对文化整合的"全过程性"认识不足。企业并购前,并购企业的双方应充分了解对方的企业文化,明确并购双方企业管理中存在的文化差异,如不同的企业发展历史、不同的企业管理方式等都会造成企业文化的差异。并购中谈判的阶段,并购双方应列出各自企业文化的主要内容,提出解决企业文化冲突、对待企业文化差异的办法和期望,求同存异,取长补短,培育出新的适合并购后企业发展的企业文化。在企业文化的整合过程中,要实事求是,客观地分析文化差异,采取可行措施解决分歧,加强企业文化的融合。并购后的整合阶段则主要针对领导层对企业文化认识的统一;加强员工培训,使员工对新的企业文化有一致的认识;进行公司文化的变革,使之适应并购后企业战略的需求;精简人员、调整管理层、建立新的组织结构等措施的实施和执行,促进并购双方企业文化在企业发展中逐渐融合。企业文化整合是"全过程性"的一项复杂的工作,不是一蹴而就的事情,不可急于求成。在不同的阶段采取适当的措施以避免企业文化冲突,影响企业发展的进程,影响企业战略目标的实现。

第三,企业文化整合流于形式。并购行为完成之后,企业各项工作应该是一盘棋,统一安排,统一部署,形成统一的执行标准,让企业文化真正融为一体,发挥协同效应。应避免企业文化整合流于形式,"貌合神离",各自保持独立的文化特点,游离于企业核心文化之外。采取有力措施,做好企业文化整合工作。既要强调企业制度文化的建设，更要结合企业实际，加强企业精神文化整合与融合。

第四，员工参与度不高。企业文化整合不仅仅是依靠企业领导者就能够完成的，需要全体员工的参与和认同，才能取得良好的效果。员工主动参与公司事务的管理，建言荐策，是员工主人翁意识的体现。员工主动参与企业文化建设，可以增强员工对新企业和企业文化的认同感。让员工参与新企业文化建设各项措施的制定，能有效促进并购企业文化融合，充分发挥企业文化在新的企业中的作用。

第五，文化整合模式选择不当。企业文化整合的措施有多种，诸如渗透式、破坏式、隔离式、注入式等等。并购企业文化整合是一个系统工程，整合模式选择也是多种多样。并购双方企业规模的大小，企业不同的并购战略，并购方原有企业文化的包容性和开放性，企业家对待企业文化和并购风险的态度，并购双方企业文化的强弱程度不同，等等，都会影响企业文化整合方式的选择，针对企业文化不同的特点选择不同的整合模式。实际中，根据不同机构的数据调查，在我国大部分企业并购案例中，注入式模式是采取最多的一种模式；而针对某一个并购企业，具体应该采取何种模式，应该依据企业战略目标和发展的实际情况，审时度势，选择适合自己企业的文化整合模式。

第六，缺乏创新性。在文化整合过程中，独特的、创新的企业文化，才能为企业发展注入活力，而模仿往往会落入俗套。那些不考虑自身特性，不考虑企业发展实际情况，不依据企业发展历史，不适合企业发展战略的文化整合都将面临失败的结局，给企业带来负面的影响，制约企业目标的实现。制订企业文化整合方案，保持企业文化的个性，引入创新性，引导员工的参与，才能提高文化整合效率，增强企业文化的整合效果。

面对上述文化整合过程中存在的问题，要积极采取对策，予以解决：

第一，在企业并购前应进行充分的企业文化调研，做好调研工作，了解不同企业文化的差异性，了解企业文化的实际状况。

第二，结合企业并购的情况制定适宜的文化整合策略，并有效实施。并购企业应根据企业并购的特点，结合企业文化整合的相关理论，制定切实可行的企业文化整合策略，和员工进行有效沟通，让员工参与其中，认可企业文化。

第三，做好并购后的新的企业文化建设工作。企业文化是随着企业发展，在实践中不断得到发展与创新。企业文化整合是一个动态的变化过程，并购企业应建立企业文化建设机构，有专门人员负责企业文化建设工作，做好新企业文化的宣传工作，得到员工逐渐认同、参与和接受。企业文化建设是一个长期的过程，需要企业领导者和员工坚持不懈地努力。

第四，引导员工积极参与企业文化整合和企业文化的建设工作，发挥其主动性、积极性和创造性。要结合员工的思想实际，积极听取企业员工的建议和反馈意见，增强员工群体意识、集体荣誉感，引导员工之间互相支持和配合，形成与企业的价值观相一致的义利观和价值观。同时，企业管理者要建立企业文化的传导机制，扩大员工的知情权。

总之，并购后企业文化整合是一项系统复杂的工程，它需要长时间的接触、磨合，逐渐融合为统一的文化。并购企业管理者只有依据企业并购后的实际情况，积极、主动、客观、灵活地选择企业文化整合模式，加强与员工的交流和沟通，形成切合企业实际的整合策略，并对员工进行适时的企业文化培训，确保文化整合过程顺利进行，达成企业并购目标，达到"1+1>2"的协作效应。

（3）政策节点

政策的节点主要是指要把握好政策导向和相关的法律法规的规定。在并购过程中要特别注意，不能触碰政策的红线。否则可能会导致企业的并购失败，甚至给企业带来巨大灾难。这些政策往往是以法律法规的相关规定体现出来。

并购的政策涉及以下几个文件：一是《证券法》，二是证监会出台的《上市公司收购管理办法》，三是商务部出台的《关于外国投资者并购境内企业的规定》，四是国家发改委颁发的《外商投资产业指导目录》。

除了上述4个国家层面的法律法规，还有3个专门的规定：《关于规范国有企业改制工作的意见》《企业国有产权转让管理暂行办法》和《企业国有产权向管理层转让暂行规定》。另外，国有企业的并购重组还会有一些专门的规定。

五、分析目标公司

分析目标公司的目的是对目标公司的价值进行简单评估，初步确定价值，从而为确定并购价格打下基础。

在企业发生并购之前，分析目标公司是企业并购策略的一部分。并购实施之前，必须对目标公司进行全面的客观的分析，以确定目标公司与企业的发展战略和布局是否相吻合，了解目标公司的业绩和价值，审查其经营情况、债务情况以及目标公司的发展机会和存在的障碍。决定是否进行并购以及并购的价格，并购后的整合策略。

分析和审查的过程，是由内到外，由宏观到微观，逐层深入地进行。在此过程中，期望得到目标公司的积极配合，得到详细资料，以达到预期的目标。并购前分析目标公司，一般包括产业分析、法律分析、经营分析、财务分析几个方面。

1. 产业分析

在前面企业所处的行业中已做了论述。任何企业都是处在某个特定的产业之中，企业所处的产业发展状况无疑会对其经营与发展产生影响，有时甚至起着决定性的、方向性的作用。产业分析主要包括以下几个方面的内容：

第一，产业总体状况分析。

每一个产业都有其特殊性，都有其特殊的生命周期，在国民经济体系中有其特殊的地位，都有专门的有针对性的产业发展政策。

企业生命周期理论指出，企业一般都会经过产生、成长、成熟、衰退四个时期，这构成了一个产业发展的周期。处于不同生命周期阶段的产业发展状况是完全不同的，这也决定了属于该产业的企业的发展。如果一个企业所属产业正处于成长阶段，例如生态农业和健康产业等，则这个企业的市场发展前景相对就会比较好；反之，若一个企业处于衰退期的产业，比如钢铁产业，其发展就会受到限制，企业前景就会相对暗淡一些。

各个产业在经济发展的不同时期成长性是不一样的，这就决定了其对国民经济的贡献大小，从而决定了其在国民经济中的地位不同。一定时期内一些产业增长迅速，在国民经济发展中发挥着重大作用，这些产业就会受到国家的重视，就会得到优先发展的扶持政策。国家鼓励行业发展，会有一些政策的倾斜，比如税收优惠，这些产业中的企业很容易从政策鼓励中得到实惠。

第二，产业结构状况分析。

这可以根据20世纪80年代著名管理学家波特所提出的"五力模型"来阐释。五力即5种基本竞争力量，是指潜在进入者、替代品生产者、供应者、购买者和行业现有竞争力量。5种竞争力量组成了产业生存环境的基本状况。如果一个企业所处的行业结构很好，企业发展就会很顺利，就很容易实现盈利，实现企业发展的目标；如果一个企业所处的行业结构不好，即使企业战略再优秀，企业文化再先进，企业管理者再努力，企业由于结构性的劣势，也很难获得一个好的利润回报。

第三，产业内战略集团状况分析。

产业内各竞争者可以按照不同的战略地位划分为不同的战略集团，一个产业中各战略集团的位置、战略集团之间的相互关系对产业内企业的竞争有着很大的影响。如果一个产业内各战略集团分布合理，企业处于战略集团的有利位置，对企业经营十分重要。

通过对企业所处的产业状况分析，可以判断企业并购的目标公司是否有利于企业整体发展战略目标。

2. 法律分析

对目标公司的法律分析，主要集中在以下几个方面：

第一，审查公司组织结构和公司章程。

审查公司董事会会议纪录。在审查公司的组织和章程的过程中，注意认可公司的兼并、收购、出售资产等方面的工作，做好并购过程中投票比例的确认。

第二，审查财产清单。

审查公司对财产的所有权和财产的投保状况，审查租赁资产的契约条件，看是否对目标公司有利。

第三，审查对外书面合约。

审查目标公司使用无形资产（包括商标和专利权等）或授权他人使用的约定；审查目标公司的租赁、借贷、代理、技术授权等相关的重要契约；审查目标公司控制权发生转移之后，目标公司的合同等法律文本还是否有效。

第四，审查公司债务。

审查目标公司债务情况，各种债务数额和债务的利率、偿还期限。

第五，审查诉讼案件。

审查目标公司过去的诉讼案件，看诉讼案件的性质是否对公司经营有重大影响。

3. 经营分析

对目标公司的经营分析，主要包括目标公司运营的基本状况、目标公司目前的管理状况和目标公司所拥有的重要资源等的分析。

第一，运营状况分析。

通过了解目标公司最近几年的生产经营状况，分析目标公司的销售额、销售利润、市场占有率等指标，对目标公司市场前景做基本的预测，同时找出目标公司经营中存在的问题，为并购后的企业整合和管理提供基础资料和依据。

第二，管理状况分析。

调查分析目标公司的管理机制、营销管理能力、企业管理的整体风格、企业管理的能力，针对目标公司与母公司的管理存在的差异，并购后制定相应的整合策略及措施。

第三，重要管理资源分析。

通过分析目标公司的人才储备、技术力量、设备状态、无形资产的价值，充分保护这些重要资源，并购后使其充分发挥作用，促进整个公司业务的发展。

4. 财务分析

财务工作是企业工作的重要组成部分，对目标公司财务状况的分析就显得十分重要。

分析目标公司近3年的财务报表，看其是否真实反映企业实际经营状况。可以委托会计师事务所对目标公司的财务报表进行分析，审查的重点主要放在资产、负债和税款这三项工作上。

第一，审查资产。

审查资产时应注意各项资产的所有权是否发生转移，是否为目标公司所有；资产的价格计算是否合理；应收账款是否具有可收回性，坏账准备是否足额提取；存货的损耗状况；无形资产价值评估是否客观、合理合规。

第二，审查债务。

对债务的审查要看债务的列表，漏列的负债应提请公司调整。

第三，审查税款。

查明目标公司税款情况，以前的税款是否足额完税，不足额的要及时足额缴纳，防止并购后造成违规违约。

六、选择目标公司

上述对目标公司所进行的分析，为并购企业选择目标公司提供了可靠的依据。事实上，无论是国内并购还是跨境并购，目标公司的选择都十分重要。那么，在对目标公司的基本状况分析的基础上，如何选择目标公司呢？

其实中国企业跨国并购也非始于今日，已有很多成功的案例：联想并购IBM；TCL并购法国汤姆逊和阿尔卡特；中国石油天然气集团公司在加拿大成功并购哈萨克斯坦PK石油公司；冠捷科技并购飞利浦显示器业务；温州民营企业飞雕电器集团并购意大利墙壁开关老牌企业ELIOS；广东德豪润达电器股份公司并购北美电器ACA名牌在亚太地区的所有权。现在能够走出中国，实现跨国并购的企业都是资本雄厚或者是有大背景的企业。像联想等大企业主要考虑的是目标公司的技术支持和市场份额，考虑企业的未来发展空间。这些跨国并购寻找的都是有利于中国企业的时机，比如说金融危机。

总结以上案例我们可以知道，中国企业跨国并购所选择的目标公司定位是为了能够使中国企业获得以下优势：国外先进的技术或品牌效应或销售渠道，打开和拓展国外市场的实力；优质资产，尤其是那些由于金融危机一时出现资金困难的国外或者国内企业；目标公司可以不是行业翘楚，但要能够提供跨国生产和销售，避开贸易壁垒，这是国内企业打破贸易壁垒、走向国际市场另辟蹊径的一种方式；实现多元化经营，拓展产业链。企业选择不同的发展方向和模式与企业发展到一定阶段相关，并购能够使企业迅速走向国际市场，扩大市场份额。企业跨国并购的根本目标是，提高企业在本行业的地位，增强自身实力，提高国际竞争力。

企业并购如何选取目标公司，选择怎样的目标公司，这些都与企业的发展状态和企业战略目标有一定的联系。企业并购是一个复杂的系统工程，是一个相对长期的过程，如何选取适合并购的目标公司，需要遵循一定的步骤：首先，对目标公司进行初步的详细的调查；然后，依据并购计划，按照企业战略要求，依据选取目标公司的原则进行筛选；最后是确定企业并购的目标公司。

1. 目标公司的搜寻与识别

成立并购机构，组织专家和公司骨干对公司进行专项调研，深入评估公司能力。按照事先确定的目标公司评级标准，通过层层筛选、评价以及潜在协同（经济协同、管理协同、财务协同等）效应分析，并最终确定目标公司。

依据并购战略要求，制订并购计划，确定并购目标公司的标准，依据标准编制并购目标搜寻的计划书，可供选择的基本指标有行业指标、规模指标、必要的财务指标、地理位置指标等。按照制定的标准，通过行业介绍和中介机构寻找目标公司。寻找目标公司主要有两种渠道：

第一，利用本企业自身力量。本企业的高级职员可以为企业提供信息；在企业内部建立并购部门，通过并购部门的工作，寻找目标公司；与企业关联的业务伙伴可以提供一些可靠的线索。

第二，借助企业外部力量。利用专业中介机构的出谋划策为并购方选择目标公司。专业机构的专业人员可提供渠道帮助；投资银行和商业银行可以提供一些供选择的目标公司；其他与本行业相关的企业、供应链的上下游企业和行业的协会提供的信息渠道。

2. 目标公司的初步调查

并购方通过各种途径和渠道识别出一批"候选"目标公司（最好有1~3个，按照契合度进行排序，一般不超过5个），为了进一步地评判与筛选，应搜集每个目标公司相关生产经营、行业、财务资产等各方面的信息，并依据这些信息对这些目标公司进行评价和对比。收集的信息至少应包括目标公司所在地理区域和区位环境因素信息、产业环境信息、经营能力信息、财务信息、法律信息、股权因素信息、经营管理层信息等。

3. 目标公司筛选四大基本原则

目标公司筛选遵循四大基本原则：

第一，与并购方自身发展目标和规模相适应。不做无用功，这是第一原则。合适的才是最好的，如果目标公司选择不当，可能导致并购的失败，给企业造成损失。

第二，与并购方自身管理和经济实力相适应。并购企业如果不能选择经济实力相当的目标公司也难以完成并购。避免实力过分悬殊的企业并购。

第三，与并购方具有产业协同效应。并购是为了发展，是为了企业的未来，为了企业的战略目标的实现，如果不能产生协同效应，并购就没有实际意义。

第四，为并购方带来新的增值潜力。并购应给企业带来新的机遇，带来新的发展空间。

4. 选择目标公司的可行性分析

目标公司的选择标准应该立足于企业战略性资源、知识、技术与业务上的互补与兼容。互补体现在企业现有的核心能力通过并购得以补充与强化，而不是成为企业的包袱，阻碍企业发展壮大；兼容体现在并购双方拥有的资源、技术和知识，通过并购得以融合、强化与扩张。目标企业的评价与筛选应考虑如下因素。

（1）一般因素

一般因素包括两个方面：

第一，双方战略的匹配性。双方的并购要能够实现资源共享、优势互补、市场扩大、技术整合，在此基础上实现"1+1>2"的协同效应。这种匹配性包括产品的匹配性、资源的匹配性、市场的匹配性、技术的匹配性等几个方面。

第二，双方企业文化的匹配性。企业文化的整合、融合与新的文化再造是对并购企业的一项重大挑战，并购双方企业文化能否顺利地整合，可匹配性有多大，能否相互融合，形成合力，对并购企业未来的发展尤为重要。

（2）特殊因素

不同的并购方式其侧重点各有不同。

横向并购中目标公司选择要重点考虑的因素：行业周期、行业集中度、国家政策、地方法规规定、相关的法律规定、并购方竞争力等多个因素。

纵向并购中目标公司选择要重点考虑的因素：并购方实力要求、并购方的行业地位、目标公司的行业地位、目标公司资产实力、双方规模协调性等多个因素。

混合并购中目标公司选择要重点考虑的因素：并购企业实力、所在行业选择、涉足新产业、目标公司的详细成本收益等多个因素。

买壳上市中目标公司选择要重点考虑的因素：政府行为和地方政策规定风险、目标公司可能存在的法律及债务风险、目标公司股权结构和股本特征、目标公司上市和配股资格、并购方拥有优质资产等多个因素。

七、并购企业各种估值方法

在企业并购过程中,企业价值的确定是很关键的,它是并购价格的基础,这就涉及企业估值的问题,涉及估值方法。本部分介绍几种常用的估值方法。

按并购企业的目的和要求,目标公司价值由低到高可划分为:净资产的实际价值、持续经营预期价值、协同作用价值、并购企业的战略价值。企业价值评估就是综合运用财会、经济、法律及税务等方面的知识、技能和方法,在大量调查、研究、评审和分析的基础上,对企业有形资产和无形资产的债权债务和经营业绩等方面进行详细的科学的分析和评估。并购企业应根据目标公司的现状,依据并购的主要目的,以科学方法和经验验证的法则,选定目标公司全部或者是某一方面的价值予以评估,作为并购的参考。

1. 净资产价值评估方法

净资产价值的评估方法有很多,主要有账面价值法、现行市价法、重置成本法等,我们简单介绍前两种评估方法。

(1)账面价值法

公司资产负债的净值即为公司的账面价值,也就是公司值多少钱。公司资产负债表是公司财务状况的基本反映。不同时段的财务报表反映不同时段的企业资产债务和所有者权益的状况,揭示出企业所掌握的资源状况、所负担的债务和所有者在企业中拥有的权益三者之间的关系。

评估目标公司的真正价值,得到可靠的结论,还必须调整资产负债表的各个项目。资产项目当中目标公司应收账款可能发生的坏账损失,这一定要引起足够的重视。公司外贸业务的汇兑是否会造成损失？公司有价证券的市值是否会贬值，还是已经增值？固定资产采取哪种折旧方式，是否合理？无形资产处理是否得当？由于技术原因和本身的特点，专利权、商标权评估弹性很大，结果差距也会很大。对负债项目也应该做出适当的调整，所有负债应审查是否有未入账项目；同时有担保事项、负债和尚未核定的税金等都应该弄清楚。在对目标公司的资产负债进行评估后，并购双方即可进行谈判和协商，进行讨价还价，以双方都可以接受的公司价值作为并购的价格。

（2）现行市价法

市价就是市场价，所以现行市价法又叫市场法。市价法是通过市场调查，选择多个样本公司作为参照物或价格标准，通过技术手段和数学方法，分析比较参照物的交易条件，进行调整，据以确定目标公司价值的一种价值评估的方法。

市场替代原理是现行市价法的理论依据和基础。在资产交易中，购买者大都会选择那些效用相对较大而价格又相对较低的资产，选择对自己企业有利的资产。现行市价法的评估过程中，首先明确选择的评估指标和评估对象，然后收集参照物样本企业的相关信息资料，通过分析样本企业的相关信息资料确定参照价格体系，最后是比较参照物和评估对象的差异及差异因素，计算出二者的价格差额，从而得出评估对象的评估价值。应用现行市价法的前提是需要有一个相对成熟的、交易活跃的、充分发育的市场，市场样本相对较多，不单一，具有可比性和相似性。我国目前正在加强资本市场建设，随着资本市场的不断发展和完善，将会更加广泛地应用现行市价法进行目标公司的价值评估。

2. 持续经营价值评估法

持续经营价值评估法主要包括收益现值法和市盈率法。

（1）收益现值法

收益现值法也就是财务上的净现值方法，首先得有一个折现率的问题。用依据银行利率和市场行业情况事先设定的适当的折现率，将公司未来预期的收益折现为评估基准日的现值的方法，并以这种方法确定公司价值。

收益现值法的原理是，并购者考虑到目标公司能为自己带来收益，以未来预期的收益来评估公司的价值。公司的未来预期收益比较大，并购价格就相对较高；公司的未来预期收益比较小，并购价格就相对较低。所以根据目标公司的收益大小，给并购企业所能带来收益的高低来确定目标公司价值，进行定价，实施并购是相对较为科学合理的方法之一。这种方法是建立在目标公司预期寿命年限的评估基础上。预期寿命年限是从评估基准日开始算起，到公司丧失获利能力为止，这当中的年限时间。公司都有寿命周期，周期有大有小，预期寿命也就有长有短。如果估计目标公司的预期寿命长就会高估目标公司的价值，如果估计目标公司的预期寿命比较短就会低估目标公司的价值。

（2）市盈率法

市盈率法，也叫PE估值法，就是根据目标公司的收益和市盈率确定其价值的方法。（PE估值法将在后面作为一个专题进行介绍。）

3. 协同价值评估法

目标公司的协同价值的评估方法主要是收益现值法评估。估算预期收益时增加由于并购的协同作用而产生的收益，这是与评估持续经营企业的价值不同之处，即逐项分类对所涉及的科目计算新增加的收益，计算所节约的成本，并对计算结果按照折现率进行折现。通常企业并购后，目标公司在刚开始的一段时间内由于协作效应，企业业绩和价值会超常增长，然后逐步进入成熟期，按一个稳定的、相对较低的增长率增长。

4. 战略价值评估法

战略价值相对较为宏观，没有固定的评估方法，依据并购企业进行并购的战略目标，选择其对目标公司价值的评估方法，不同的战略目标会对应不同的评估方法。但是最终的一点是，并购企业如果不进行企业并购，通过其他手段达到战略目标所花费的成本，与并购付出的成本相比较，如果前者大就需要通过并购实现，如果前者小就不需要通过企业并购来实现。此原则也是衡量目标公司战略价值的标准。并购企业通过企业并购获取目标公司占领的市场，并购企业如果凭借自己的实力，去占领市场所付出的代价就是目标公司战略价值。又比如，并购企业为了获得目标公司所拥有的稀缺资源（诸如专有技术和人才、上市公司地位等），并购企业自己开发稀缺资源所付出的成本就是目标公司的战略价值。

八、PE估值法及对赌规则

上一节已对市盈率估值做了介绍，本节做深入分析一下，主要阐述一下PE估值法和对赌的规则和相关问题。

1. PE估值法

PE估值法是指市盈率估值法，是对公司股票进行市场估值的常用方法。市盈率是一家公司股票的每股市价与每股盈利的比率。其计算公式是：市盈率=每股市价÷每股盈利。

市盈率是证券市场常用的指标之一，指在一个考察周期内（一般为12个月），股票价格与每股收益的比值。一般来说，市盈率越高，股票投资风险也就越大；市盈率越低，股票投资风险也就越小，但不是绝对的，有时候会有例外。

行业市盈率反映公司在行业整体中的地位和位置层次，是一个加权平均的计算方法。应用市盈率法评估公司价值的过程如下。

第一步：检查调整目标公司近期的利润业绩。

检查公司的资产负债表、利润表和现金流量表，例如检查公司最近的损益表，应考虑这些账目所遵循的会计政策和财务标准的前后一致性，是否符合国家相关的财务规定，必要时可依据实际情况对已公布的公司的利润进行调整。

第二步：选择计算公司估价收益指标。

一般是采用目标公司近3年税后利润平均值作为估价收益值较为合适。实际中，还应更多考虑目标公司被并购后的预期收益状况。比如当并购公司在管理和运作方面有较强的优势时，目标公司被并购后能获得与并购公司同样的收益率，那么据这一指标计算出目标公司并购后的税后利润，会对公司的并购决策具有更强的指导意义。

第三步：选择标准市盈率。

通常可选择的标准市盈率有以下几种：并购时目标公司的市盈率、目标公司所处行业的平均市盈率、与目标公司具有可比性的样本公司或者是样本公司群的市盈率等。选择的标准市盈率必须具有可比性，在风险和成长性方面具有相似性，应符合公司并购后的风险及成长性的要求。在实际运用中，要依据目标公司的预期情况对上述标准市盈率加以调整。

第四步：计算公司价值。

估价收益指标与标准市盈率之积就是公司价值，计算出公司的评估价值作为企业并购定价的依据，为企业并购打下基础。

作为要进入资本市场的民营企业，对PE估值法即市盈率估值法有充分的了解是十分必要的。它可以判断公司的估值大小，了解企业可以通过何种方法估值资本市场的上市企业价值，对于企业在资本市场发展也有一定好处。在企业签订对赌协议的时候，了解这一估值方法还是很有帮助的。

2. 对赌协议

对赌协议的英文"Valuation Adjustment Mechanism"（简称VAM），直译为"估值调整机制"，最初之所以译为"对赌协议"，或因符合国内文化习俗，所以一直沿用到现在。我们日常听到的企业间的对赌协议，它实际上就是期权约定的一种兑现形式。通过对赌协议这一条款的设计，可以有效地保护投资人的根本利益，有效激励融资企业管理层全力以赴，做好各项工作，创造业绩，创造价值。对赌协议是投资协议的核心组成部分，已经成为了投资方衡量企业价值的计算方式和确保机制。

（1）对赌协议的应用案例

在国外投行和并购对国内企业的投资活动中，对赌协议已经广泛应用，国内投行业对赌协议应用还较为少见。我们来看几个对赌协议的应用案例。

案例一：对赌在创业型企业中的应用

摩根士丹利等机构投资蒙牛，震惊国内外资本界，成为对赌协议在创业型企业中应用的典型成功的案例。

1999年1月，原来是伊利副总的牛根生离开伊利，另立门户创立了"蒙牛乳业有限公司"（后更名为"内蒙古蒙牛乳业股份有限公司"，以下简称"蒙牛乳业"），开始了一段新的创业神话。2001年年底摩根士丹利等机构与蒙牛乳业接触的时候，蒙牛乳业是一个比较典型的创业型企业，成立尚不足3年。

2002年6月，摩根士丹利等机构投资者在开曼群岛注册了开曼公司。2002年9月，蒙牛乳业的发起人在英属维尔京群岛注册成立了金牛公司。同时，蒙牛乳业的投资人、业务联系人和雇员注册成立了银牛公司。金牛和银牛各以1美元的价格并购了开曼群岛公司50%的股权，其后设立了开曼公司的全资子公司——毛里求斯公司。同年

10月，摩根士丹利等3家国际投资机构以认股方式向开曼公司注入约2597万美元资金，取得该公司90.6%的股权和49%的投票权，所投资金经毛里求斯公司最终换取了大陆蒙牛乳业66.7%的股权，蒙牛乳业也变更为合资企业。

2003年，摩根士丹利等投资机构与蒙牛乳业签署了类似于国内证券市场可转债的"可换股文据"，未来换股价格每股仅为0.74港元。通过"可换股文据"向蒙牛乳业注资3523万美元。"可换股文据"实际上是股票的看涨期权。不过，这种期权价值的高低最终取决于蒙牛乳业未来的业绩。如果蒙牛乳业未来业绩好，"可换股文据"的高期权价值就可以兑现；反之，则成为废纸一张。

为了使预期增值的目标能够兑现，摩根士丹利等投资者与蒙牛乳业管理层签署了基于业绩增长的对赌协议。双方约定，2003—2006年，蒙牛乳业的复合年增长率不低于50%。若达不到目标，公司管理层将输给摩根士丹利约6000万股~7000万股的上市公司股份；如果业绩增长达到目标，摩根士丹利等机构就要拿出自己的相应股份奖励给蒙牛乳业管理层。

2004年6月，蒙牛乳业业绩增长达到预期目标。摩根士丹利等机构"可换股文据"的期权价值得以兑现，换股时蒙牛乳业股票价格达到每股6港元以上；给予蒙牛乳业管理层的股份奖励也都得以兑现。摩根士丹利等机构投资者投资于蒙牛乳业的业绩对赌，让各方都成为赢家。

摩根士丹利对于蒙牛乳业基于业绩的对赌成为经典！

这一对赌之所以能够划上圆满的句号，从对赌协议中总结归纳出如下七个特点：一是投资方在投资以后持有企业的原始股权，如摩根士丹利等三家国际投资机构持有开曼公司90.6%的股权和49%的投票权；二是持有高杠杆性（换股价格仅为0.74港元/股）的"可换股文据"；三是高风险性（可能输给管理层几千万股股份）；四是投资方不是经营蒙牛乳业，不参与经营管理，仅是财务型投资；

五是股份在香港证券市场流动自由；六是蒙牛乳业虽然是创业型企业，企业管理层原来在伊利乳业工作，有丰富的行业经验；七是所投资的企业属于日常快速消费品行业，市场需求稳定，周期性波动小，一旦企业形成相对优势，竞争对手难以替代，投资的行业风险小。

案例二：对赌在成熟型企业中的应用

摩根士丹利投资上海永乐电器公司，是对赌协议在成熟型企业中应用的典型案例。

上海永乐家用电器有限公司（以下简称"永乐家电"）成立于1996年。从业绩上看，永乐家电成立初年销售额只有100万元，到2004年已经实现近百亿元的销售额；在市场适应性上，永乐家电经历了家电零售业巨大变革的洗礼，是一家比较成熟的企业。

2005年1月，摩根士丹利和鼎晖斥资5000万美元收购当时永乐家电20%的股权，收购价格相当于每股约0.92港元。根据媒体报道，摩根士丹利在入股永乐家电以后，还与企业约定：无偿获得一个认股权利，在未来某个约定的时间，以每股约1.38港元的价格行使约为1765万美元的认股权。

这个认股权利实际上也是一个股票看涨期权。为了使看涨期权价值兑现，摩根士丹利等机构投资者与企业管理层签署了一份"对赌协议"。招股说明书显示，如果永乐家电2007年（可延至2008年或2009年）的净利润高于7.5亿元人民币，外资股东将向永乐管理层转让4697.38万股永乐股份；如果净利润相等，这相当于永乐家电上市后已发行股本总数（不计行使超额配股权）的约4.1%。净利润计算不能含有水份，不包括上海永乐房地产投资及非核心业务的任何利润，并不计任何额外或非经常收益。

由于摩根士丹利投资永乐家电的对赌协议行权时间是2007年以后，永乐家电每股发售价定为2.25港元；到11月24日，永乐家电收盘价上涨到2.85港元。相对于摩根士丹利的原始入股价格，以及每股约1.38港元的认购权。

在摩根士丹利投资永乐家电的对赌协议中，通过总结分析，也有如下七个特点：一是投资方在投资以后低价持有企业的原始股权，如摩根士丹利持有永乐家电20%的股权；二是持有认购权杠杆性降低，认股价格为每股1.38港元；三是高风险性（可能输给管理层几千万股股份）；四是投资方不经营零售业，不参与经营管理，仅做财务型投资；五是股份在香港证券市场流动自由；六是永乐家电是成熟型企业，经历了行业的变革与市场的洗礼；七是所投资的企业属于零售行业，规模效应明显，一旦企业形成相对优势，竞争对手则难以替代。这一手法其实和蒙牛乳业对赌案例有很多的相似之处。

案例三：对赌在并购中的应用

并购是一种投资行为。凯雷投资控股徐工工程机械有限公司就是对赌协议在并购中应用的典型案例。

徐工工程机械有限公司（以下简称"徐工集团"）正式成立于1989年，当时在地方政府的牵头之下，徐工集团整合了数家工程机械制造公司。徐工集团在国内拥有比较强的核心竞争能力。2000—2004年，随着机械制造市场的再度回暖，徐工集团的核心产品都处于需求大于供给的状态。为了保持企业旺盛的发展潜力，徐工集团在企业机制改造上，一直在寻找与国际企业合作的结合点。

2005年10月26日，徐工科技（000425）披露，公司接到第一大股东徐工集团工程机械有限公司（以下简称"徐工机械"）通知，徐工集团于2005年10月25日与凯雷徐工机械实业有限公司（以下简称"凯雷徐工"）签署《股权买卖及股本认购协议》与《合资合同》。凯雷徐工以相当于20.691 25亿元人民币的等额美元购买徐工集团所持有的82.11%徐工机械股权，同时，徐工机械在现有注册资本12.53亿元人民币的基础上，增资2.42亿元人民币，全部由凯雷徐工认购，凯雷徐工需要在交易完成的当期支付0.6亿美元；如果徐工机械2006年的经常性EBITDA（经常性EBITDA是指不包括非经常性损益的息、税、折旧、摊销前利润）达到约定目标，凯雷徐工还将支付0.6亿美元。上述股权转让及增资完成后，凯雷徐工将拥有徐工机械85%的股权，徐工集团仍持有徐工机械15%的股权，徐工机械变更为中外合资经营企业。

凯雷徐工对于徐工机械的并购协议包括一项对赌的内容：如果徐工机械2006年的经常性EBITDA达到约定目标，则凯雷徐工出资1.2亿美元增资2.42亿元；如果徐工机械一年后的经营业绩达不到投资方要求，则出资6000万美元增资2.42亿元。在外资并购国内上市公司国有股权的过程中，以国有资产定价作为一项赌资，这十分罕见。

凯雷徐工并购徐工机械的对赌协议结果如何，首先要看国家有关部门能否审批通过这种形式的对赌，其次要等到2006年以后揭晓经营业绩。但是这种形式对我们启发很大，凯雷是一家财务型投资者，如何控制并购中的风险？首先是对目标企业的估价，估价是基于未来业绩的，因而在徐工机械的并购中有6000万美元的不确定性：达到经营目标就用1.2亿美元增资2.42亿元，达不到经营目标就用6000万美元增资2.42亿元。在上述对赌协议中，可能是由于多方面的原因，对赌协议与经营者的关系没有披露。如果投资中的对赌协议与经营者无关，这是不正常的，但与没有对赌的并购定价相比，凯雷徐工并购徐工机械中的对赌协议已经对凯雷进行了一定的保护。

案例四：股改中的对赌协议

流通股在获得一定的股份以后，包括非流通股在内的上市公司股份要获得增值，需要看上市公司经营者的努力程度，即投资者的增值与否同企业管理层的关系很大。因此，股权分置改革中，对赌协议有很大的应用空间。华联综超（600361）在应用对赌协议方面进行了尝试。

2005年7月19日，华联综超披露股权分置改革说明书，非流通股股东向流通股股东按照每10股流通股获得2.3股的比例支付对价，同时设置了一项对赌协议：如果公司2004—2006年扣除非经常性损益后净利润的年复合增长率低于25%，即如果2006年年度扣除非经常性损益后的净利润未达到1.51亿元，非流通股股东承诺按照现有流通股股份每10股送0.7股的比例，无偿向支付对价的股权登记日在册的流通股股东追加支付对价，追加支付对价的股份总数为700万股。如果公司2004—2006年扣除非经常性损益后净利润的年复合增长率达到或高于25%，即如果2006年年度扣除非经常性损益后的净利润达到或高于1.51亿元，追加支付对价提及的700万股股份将转用于公司管理层股权激励，公司管理层可以按照每股8元的行权价格购买这部分股票。

2005年8月22日，华联综超临时股东大会通过了股权分置改革方案。从其同期的股改对价支付行情看，在每10股流通股所得的送达率上，其市场行情是每10股流通股送3.353股以上，华联综超按每10股流通股获得2.3股的比例支付对价是偏低的；从以非流通股送出为参考指标的送出率上，其市场行情是每100股非流通股送出17.03股以上，华联综超的每100股非流通股送出15.22股的比例支付对价也不算高；但华联综超流通股股东还是认可该方案，说明华联综超股改中的对赌对于股民来说是一种信心支持，对于非流通股来说，也达到了少送出股份的目的。

股改是非流通股对流通股的对价，但实际所得到的价值离不开企业的业绩，企业业绩离不开企业管理层。因此，对赌的最终目的是双向激励，希望管理层赢了赌局，这样才能对投资者有一个真正的利益保障。

案例五：收购中的对赌协议

2015年6月12日，上市公司苏州春兴精工股份有限公司（以下简称"春兴精工"）宣布收购爱投资运营方安投融（北京）金融信息服务有限公司（以下简称"安投融"）的51%股权，双方也签订了业绩承诺协议。

公告显示，春兴精工拟收购的安投融整体初步估值约为15亿元。推算此项收购对应金额为7.65亿元人民币。安投融（北京）金融信息服务有限公司的"爱投资"网站是国内首创P2C互联网金融交易平台。

"公司出于战略规划及长远利益实施了本次收购。收购后，有利于快速实现公司在供应链金融和互联网金融领域的战略布局，也有利于公司将传统业务与互联网业务相结合，促进公司产业升级，优化产业结构，提高公司的综合竞争力。"春兴精工表示。

同时，春兴精工收购安投融，双方也签订了业绩承诺协议，安投融承诺目标公司2015—2017年3年（承诺期）的交易额持续增长，分别不低于60亿元、150亿元和300亿元，收入持续增长，分别不低于1.5亿元、3亿元和6亿元。如果本次交易不能在2015年年度内完成，则承诺期顺延至2018年，安投融承诺目标公司2018年年度承诺业绩不低于2017年年度承诺业绩。承诺期内目标公司累计实现交易额不足承诺数，将以现金补偿。安投融保证，目前尚不存在且本协议签订之日起5年内亦禁止的，乙方及乙方一致行动人控制、参股、参与管理、参与利益分配的企业或其他经济组织从事与目标公司相同或相似且可能构成竞争关系的业务。

案例六：对赌引发的索赔案例

签订"对赌协议"的双方是原告厦门金泰九鼎股权投资合伙企业与被告江西旭阳雷迪高科技股份有限公司。

旭阳雷迪公司原本是一家非上市股份有限公司，主营范围为单晶硅、多晶硅产品及太阳能电池等产品的开发、生产和销售。

经审理查明，当时双方共同签订的《增资协议》约定，金泰九鼎与其他投资人以增资扩股方式投资于旭阳雷迪公司，如果旭阳雷迪公司未能实现年度利润，旭阳雷迪公司应对投资人进行补偿。

双方还约定，要力争在2012年实现国内A股市场公开发行并上市之目标。增资以旭阳雷迪公司2010年年度预测净利润2.4亿元为计算依据，确定公司作价为21.5亿元。其中金泰九鼎投资金额3000万元，占增资后股权比例1.39%。

然而，后来因旭阳雷迪公司未能依约实现年度利润，最终未能上市。为此，金泰九鼎将旭阳雷迪告上法庭，要求被告应当向金泰九鼎在内的3家投资企业进行现金补偿，按照约定支付现金补偿款2920万元。

（2）规避对赌风险

对赌的主要风险是什么？体现在哪些方面？如何规避风险？

对赌的第一重风险：企业家和投资者切勿混淆了"战略层面"和"执行层面"的问题。"对赌机制"中如果隐含了"不切实的业绩目标"，这种强势意志的投资者资本注入后，将会放大企业本身"不成熟的商业模式"和"错误的发展战略"，从而把企业推向困境。

对赌的第二重风险：企业家急于获得高估值融资，又对自己的企业发展充满信心，而忽略了详细衡量和投资人要求的差距，以及内部或者外部当前经济大环境的不可控变数带来的负面影响。

对赌的第三重风险：企业家常会忽略控制权的独立性。商业协议建立在双方的尊重之上，但也不排除有投资方在资金紧张的情况下，向目标公司安排高管，插手公司的管理，甚至调整其业绩。怎样保持企业决策的独立性还需要企业家有所戒备。

对赌的第四重风险：企业家业绩未达标失去退路而导致奉送控股权。一般来说，国内企业间的对赌协议相对较为温和，但很多国外的投资方对企业业绩要求极为严厉，很可能因为业绩发展严重低于预期，而奉送企业的控制权。

对赌是把双刃剑，操作不好会引火自焚，那么如何在对赌中规避风险？对于已经签订对赌协议或者急于融资不得不签订类似协议的企业,应该有效控制这类协议的"魔性",避免企业面临灭顶之灾。

要注意推敲对方的风险规避条款。当事人在引入对赌协议时,要有效估计企业真实的增长潜力,并充分了解博弈对手的经营管理能力。在签订对赌协议时,要注意设定合理的业绩增长幅度,最好将对赌协议设为重复博弈结构,降低当事人在博弈中的不确定性。一些合同细节也要特别注意,比如设立"保底条款"。通常情况下,对赌协议会有类似"每相差100万元利润,PE下降一倍"的条款,如果没有保底条款,即使企业经营不错,PE值也可能降为0。所以在很多细节上要仔细斟酌,对赌协议对于对赌的双方是否具有公平性。

对于准备签订对赌协议的企业,建议合理设置对赌筹码,用合适的估值方法确定恰当的期权行权价格。对于融资企业来说,设定对赌筹码时,不能只看到赢得筹码获得的丰厚收益,更要考虑输掉筹码是否在自己的风险承受范围之内;而对于那些已经签订对赌协议的企业,则可以在出现不利局面时,申请调整对赌协议,使之更加公平合理,符合实际发展。企业可以要求在对赌协议中加入更多柔性条款,比如财务绩效、赎回补偿、企业行为、股票发行和管理层等多方面指标,让协议更加均衡可控。

第五章
资本借鸡生蛋：买壳与借壳上市

步入资本模式
——民企上市之路

一、众里寻她千百度——怎样选择好的壳公司

上市不仅可以通过IPO过程实现，也有其他途径可供选择，比如买壳上市或者借壳上市，这些途径对企业来说也不失为一种明智的选择和上市的新捷径。

公司借壳上市的标准是什么？什么样的壳公司比较理想、比较适合呢？这是一个大问题，是需要想借壳上市的公司和投行缜密思考的。评价壳公司的标准有以下几个方面。

1. 壳公司市值大小

评价壳好坏的首选标准是壳公司的市值的大小。对于借壳方而言，最大的成本在于借壳后权益被原有上市公司摊薄与分享，即为了获取上市地位对上市公司原有股东的利益让渡。借壳重组的股比摊薄是无偿的，这一点与IPO的有对价摊薄不同。

借壳方重组后的股权比例取决于上市公司市值和自身估值大小。通常而言，借壳方资产体量也就是交易评估值是客观的，得到市场认可的，市场借壳的评估一般都是在8~12倍PE值。一般来说，壳公司市值越小，重组后借壳方股东占比相对越高，后续上市后分享市值财富相对越多，股本融资空间也就相对越大。壳公司市值越大，重组后借壳方股东占比越低，后续上市后分享市值财富越少，股本融资空间也就相对越小。

举例说明。假设一个借壳企业的利润为2亿元左右，借壳评估估值为20亿元左右。采用增发方式借壳操作后若壳市值为10亿元，借壳企业全体股东占比就是66.6%。采用增发方式借壳操作后若壳公司市值为30亿元，则重组完成后借壳企业全体股东占比仅为40%。若

借壳资产在资本市场上上市公司能支撑30倍估值，则重组后的上市公司总市值可以达到60亿元，这就直接决定了借壳方股东在重组后的市值财富是40亿元还是24亿元，差别相对较大。借壳上市后的股比是借壳方最为关心的核心问题，关系到他们的资产价值多少。

2. 壳公司股本大小

在壳公司市值已经确定的前提下，股本越小、股价越高相对越好。比如同为市值8亿元的公司，5000万股本、16元股价要好于8亿股本、1元股价。小股本重组后每股收益会比较高，也就相对容易得到股东及监管机构的认可。重组后每股收益越多越好，股价飞涨，二级市场都收获颇丰。如果重组后每股收益几分钱，股东和二级市场都会"阴云密布"，在召开股东大会之前要是股价再没有好的表现，重组方案在股东表决时就可能被否决了。

另外，股本大小也决定后续资本运作空间的大小。小股本每股收益相对较高，对于企业后续经营的压力就会相对减小，而且企业后续发股融资空间也相对较大。

3. 壳是否干净

壳是否干净主要表现在两个方面：壳公司或有负债风险，壳公司能否顺利实现剥离。

或有负债，是指过去的交易或事项形成的潜在义务，其存在须通过未来不确定事项的发生或不发生予以证实；或过去的交易或事项形成的现时义务，履行该义务很可能导致经济利益流出企业或该义务的金额不能可靠地计量。一般来说，壳公司多是源于自身经营困难，才会准备放弃控制权接受被重组，需要借壳方注入资产和业务来拯救危机局面。因此，借壳公司必须关注壳公司的或有负债风险，明显的问题可以在决策前思考付出的代价并积极寻求解决方案，交易之前不知道的问题会为后续工作带来很多麻烦。

随着资本市场的不断发展完善和国家法律法规的逐步健全，近年来的上市公司或有风险问题有所缓解。目前监管力度加大，像利用股东地位掏空上市公司的情况越来越少了，壳公司总体是"干净"的。

最干净的壳公司是中央企业重组下属上市公司腾出来的壳，国有企业没有或有负债风险，也没有不良的内在驱动力，同时有强大的央企母公司做坚强的后盾，净壳剥离和或有负债的保证都不会有什么问题。同时，经过破产重组的壳公司，通过法律程序和司法手段消灭与隔离了或有负债。另外就是次新壳公司，新上市的中小板上市壳公司，经营时间相对较短，还没有来得及出现复杂的问题企业经营就出现了危机。

可以实现净壳剥离的壳也算是干净的壳公司。大多数借壳方都希望拿到"三无"的净壳：无业务、无资产负债和无人员。净壳是需要在交易中实现的，不是客观的静止状态。因为负债的转移需要债权人同意，债权人尤其金融债权人是造成净壳难度的主要原因。一般来说，负债对于公众公司比较安全，负债转移对于银行属于债务重组，前提必须是负债不会因为壳公司的变动而受损。对于大多数上市公司来说，有实力的、强大的母公司无疑是净壳剥离的必要的前提条件，在实践操作过程中，顺利剥离成净壳都不是轻松的事情，如何搞定债权人要看企业的承债实力。

4. 壳公司迁址

在借壳交易过程中，借壳方非常关注壳公司能否迁址，尽管对于投行而言，公司的注册地址并不是那么重要。目前上市公司办公地址、注册地址和核心资产所在地不在相同地域的非常多。但是对于某些企业或者所在当地政府来说，这是个事关"脸面"的大问题。很多借壳企业受到当地政府的各种政策和税收的大力支持，会承诺借壳上市后迁址至当地，为地方建设做贡献。

公司章程规定了公司注册地址，经过对公司章程进行修改是可以迁址的。但是操作实践表明并非那么容易，通常都需要上市公司所在地政府领导的同意。比如上市公司在"北上广深"，迁址不是大问题。若上市公司在地方或老少边穷地区那就困难了，通常政府需要考虑很多问题，诸如税收、就业等。本来上市公司就少，再通过卖壳重组给迁走了，迁址也就相对比较难。

迁址要买卖双方进行洽谈和协商，作为交易的一部分进行谈判，要求上市公司股东做出承诺，其实即使股东做出承诺，事后能否顺利实现迁址仍然是个问题。有经验的投行一般都会搁置这个问题，根据客观存在的实际情况来判断后续壳公司迁址的可能，同时与当地政府做好沟通工作。

5. 其他因素

除了以上提到的几个因素之外，交易层面因素也是评价壳好坏的重要因素，即原有股东或者上市公司的交易诉求。诸如原有股东是否需要支付壳费，是否有退出意愿，是否愿意承接上市公司资产业务，等等。

当然也有极具个性化的影响因素，比如有个别的重组方对上市公司地域、交易所甚至是股票代码都有个人偏好，有的喜欢带"8"字的代号，有的则会因为特殊原因而难以割舍，如某公司代码恰巧是特殊的有纪念意义的日子，等等，不一而足。

6. 客观认识壳好坏

借壳交易中能够识别壳好坏是非常重要的，但是还是要考虑借壳方的自身条件和情况。最好的交易并非是费尽心机找到最好的壳，而是找到最为适合自己的交易，适合的才是最好的。

如果公司体量很小想借壳，就会出现估值难以支撑重组后的上市公司控制权。一般来说，10亿市值的"袖珍"小壳市场最为抢手，盈利能力强、估值不高的公司最受欢迎。

国内市场如此。国外市场亦然。我们来分析一下企业在美国买壳上市。

企业通过买壳方式在美国上市是一条捷径。如果采用买壳上市的方式，在境外目标市场寻找合适的壳资源则尤为重要。由于壳公司往往存在这样那样的问题，企业需要聘用专业的熟悉美国市场的美国投资银行专家对在债务、法律等方面的问题提供服务与保证。保证壳公司是一个相对"干净"的壳公司，企业在上市前选择具有从业资格的证券公司作为企业的上市顾问，这些公司是美国证券交易委员会（SEC）批准的，这一点至关重要。因为在这些证券公司的手中不但有很多壳资源，而且他们还可以帮助买壳企业与壳公司原有股东进行谈判，清理壳公司。

美国的壳公司有三种：

一种是OTCBB（场外柜台交易系统），既有股价，又有交易的股票，这是一个场外交易的市场，绝少有非常"干净"的壳。通常要由专业人员进行清理，这些专业人员来自美国证券公司投资银行，并做出清理后壳公司"干净"的承诺。这种经过"清理"后的壳公司通常出售价格都在50万美元~60万美元，同时壳公司原有的股东还要保存相当大的股份比例。通常这样的壳公司要求必须有财务审计报表。

另一种是PINKSHEET（粉单），有可能会有买卖价，但对于一般企业来说绝对不能碰。美国有许多有关粉单公司的法律诉讼。这样的公司没有审计财务报表，存在很大隐患，危险非常大。

还有一种是上报型非交易公司，即通常所说的"空白支票"公司。这种壳没有买卖价，没办法进行交易。这种壳的价值几乎是零，所以毫无价值，进行买卖也没有什么意义。

二、借壳与买壳

借壳与买壳是两种不同的方式，各有千秋。随着"注册制"推进的步伐大大放缓，以及战略新兴板或被暂时搁置，A股上市公司"壳"资源类的价值有了显著的提高。

通过买壳和借壳企业可以实现在二级市场上市的目的，与一般未上市的企业相比，上市公司最大的优势在于能够在证券市场上大规模筹集巨额资金，促进公司规模在短时间内快速增长。

要充分利用上市公司的"壳"资源，就必须对壳公司进行资产重组，目前借壳上市和买壳上市就是充分利用上市资源的两种资产重组的形式之一。

1. 买壳上市、借壳上市及一般流程

（1）买壳上市与借壳上市

买壳上市，是作为收购方的非上市公司通过二级市场收购方式或协议方式，获得壳公司的控股权，然后对壳公司的资产、人员、债务实行重组，向壳公司注入自己的优质资产与业务，实现自身资产与业务的间接上市。买壳和卖壳的双方一般原来没有隶属关系和业务关系。

借壳上市，一般是指上市公司的母公司（或者集团公司）通过将主要资产注入到已经上市的子公司之中，来实现母公司的上市，实现整体上市的目的。母公司可以通过加强对子公司的经营管理，改善子公司经营业绩，推动子公司的业绩与子公司股价上升，使其获取发行新股或配股权募集资金的资格，然后通过配股或发行新股募集资金，扩大企业的经营，最终实现母公司的企业资源的优化配置和长期发展目标。

借壳上市和买壳上市的共同之处在于，二者都是一种对上市公司壳资源进行重新配置和整合的活动，都是为了实现借助壳资源的间接上市。二者的不同点在于，买壳上市的企业首先需要通过购买获得对一家上市公司的控制权，而借壳上市的企业由于企业间的特殊关系已经拥有了对上市公司的控制权。

从具体的操作角度来看，借壳是母公司天然的优势，也是无可选择的，只有借助现有的壳资源上市才可以在较短时间内实现母公司的上市；而其他非上市公司没有这个先决的优势，准备上市的时候必须买壳才可以进行，所以，首要的问题是如何挑选理想的壳公司。一般来说，选择壳资源一定要选择"小净空"的壳资源。

那么，什么是"小净空"的壳资源呢？

逐利是资本的本性，这无论在任何时代都难以改变。为了节约时间成本，将拥有壳资源的企业进行重组，实现上市目标，是实现企业未来价值最大化的便捷途径。壳资源的价值应依据壳资源对使用者产生的效用大小而定。在多数情况下，对买壳方来说壳公司的净资产价值可能是微不足道的。也就是说，买壳方看重的并非是壳公司的净资产价值，而看重的是壳资源拥有的"上市公司"这个桂冠，这个特殊资格。之所以这样说，其实这个"壳资源"是无形资产，从上市的费用等方面就可以衡量出他的价值之所在了。

某上市公司在企业账上有据可查的上市费用已经高达2.18亿元，也就是说这是壳资源的有形的看得见的价值。壳资源的无形价值则是体现在宣传效应、上市公司的融资功能等多个方面。在实际操作的过程中，选择壳资源首先看的是这家上市公司是不是符合"小净空"的特点，其次才会考虑企业资产状况和企业资产的价值。

"小"是指上市公司规模相对较小，总股本最好不超过5亿元，这样的话收购资金不会太多；"净"就是账目明明白白，亏损、欠款等一清二楚；"空"指的是壳公司的主营业务，监管部门对上市公司并购要求主营业务具有相近性，因此主营业务很少经营或者停止经营的上市企业可以称为空壳企业，重要的是壳资源便于通过相关部门的审批。

(2) 借壳上市与买壳上市操作流程

借壳上市的操作流程一般要经过以下两个步骤：首先是收购股权，分场内收购和协议收购，目前应用较多的是协议收购；其次就是换壳，即双方资产的置换。

按照借壳上市完整的流程进行操作，大约需要半年以上的时间，其中主要的环节是要约重大资产置换的审批、收购豁免审批，尤其是法律等环节的重组、核心资产的财务工作、构架设计工作等，以上这些相关的工作必须在重组之前来完成。

买壳上市的一般程序分为两个阶段：买壳上市阶段，资产置换及企业重建阶段。

在买壳上市阶段，首先要明确公司买壳上市的主要意图是什么，是实现公司上市或公司急需融资以满足公司不断扩张的需要，或建立现代企业管理制度、提升企业品牌的需要。

在公司买壳上市的过程中，公司要做好自身资源的分析，整体资金实力、公司的盈利能力、财务安排等分析，未来的企业盈利能力预测和企业长期发展的战略规划，适合公司收购目标的壳公司的定位；采取协议收购还是场内收购模式。

所有收购工作最重要的环节是评估与判断环节。全面客观地评估分析目标公司的财务状况、经营状况，制订重组的工作计划及工作时间表，事先设计股权转让方式，选择实施并购工具和手段，依据一定的方法评估目标公司价值，最终确定并购价格，设计合适的双方接受付款方式，寻求最佳的财务管理和现金流方案。与目标公司管理层和股东进行接洽和联络，通过沟通，探讨重组的可行性和必要性，并进行谈判，最终达成签约的目的。在谈判的过程中，制定谈判策略。为企业重组后协助安排融资渠道做好准备，设计融资方案。按照相关规定起草相应的与法律相关的文件，到相关部门办理报批，并进行信息披露相关事宜。

在资产置换及企业重建阶段，注资与投资是一项重要的工作。向目标公司注入本企业优质资产和业务，实现公司的资产变现。向公司战略发展领域进行投资，实现公司的战略扩张。实施ESOP（员工持股计划）。在现行法律法规的环境下，制订公司员工持股计划。

要做好资产重组的前期准备工作。合适的收购主体是没有外资背景的收购主体，由于目前国内的政策限制，以人民币计价的普通股不允许外资投资，所以在设计收购主体时，首要考虑"没有外资背景"的条件。

要针对买方形象做好前期的策划工作。推介知名度高、实力雄厚的股东和信誉卓著、影响巨大、实力雄厚的联合收购方；向对方企业展示优势资源、突出企业的卖点。能表现企业实力、给人以信任感的内容丰富的文字材料，诸如政府、行业给企业的崇高荣誉，媒体对企业的正面报道，完善的具有说服力的财务报表，等等。

2. 壳资源在哪里

壳资源市值越小，收购成本相对越低。相对而言，壳资源公司市值越小，借壳公司付出的成本越低，借壳上市的公司看中壳资源的上市资质，而非壳资源的资产质量和价值，借壳公司更愿以较低成本换取上市公司资质的金字招牌。运营能力弱的公司卖壳意愿相对会更强。显然，经营业绩良好的上市公司卖壳意愿会弱很多。在证监会监管层将注册制提上日程后，运营能力弱的上市公司更欲加紧出手壳资源。股东对公司控制力不强就会更愿意卖壳。壳资源公司股权结构相对较分散，上市公司实际控制人持股比例比较低，股东对公司的控制能力越来越弱，上市公司的股东卖壳意愿就更强。

壳资源多分布在传统产能过剩行业，包括医药、基础化工、纺织与服装、通信、建材、轻工制造、交通运输、食品饮料、商贸零售、钢铁和家电等传统行业。这些产能相对过剩的传统行业发展前景不是很乐观，盈利能力受到挑战。所以，这些行业企业卖壳意愿就会增强，成为壳资源概率就会更大。

3. 向壳公司注入优质资产和业务

购买或者借壳都是为了一个目标，那就是企业上市，所以必须进行适当的调整和整合，对壳公司进行注资和注入新的业务，对壳公司的资产、业务实行重组。

借壳企业向壳公司注入自己的优质资产，注入新的活力，增加企业经营的效益，才可以借助壳资源，实现自身资产与业务的间接上市；与此同时，壳公司也可以通过发行新股或配股来完成资金募集。借壳企业通过扩大生产经营规模，最终实现生产资源的优化配置和长期发展目标。

三、与壳公司整合，三步搞定

无论是买壳还是借壳，都有一个与壳公司业务整合的问题，我们本节讨论这一问题：三步完成与壳公司的资产置换及企业重建。

1. 做好宣传与公关工作

对诸如中国证监会、证券交易所、国有资产管理部门、地方政府以及目标公司管理层和股东开展必要的公关活动，力图使资产重组能够早日进行并取得成功。

实施公司新的发展战略。公司召开专门会议，组织专门人员，制订详尽和全面的宣传与公共关系实施方案。在专业媒体和大众媒体上为重组方及其资本运作进行宣传，为企业早日上市赢得时间。

2. 市场维护

设计维护目标公司二级市场的方案，保持市场的稳定性，对于后续操作有积极的意义。所谓"现金为王"，企业现金流是企业的血液，是企业生命力和活力的体现。所以，要不折不扣地执行好企业的现金流战略，这是十分重要的。

针对收购、注资阶段整体现金流制订具体方案，使现金发挥最大效用，努力实现企业的战略目标，为重组后的增发、配股等融资工作做好准备。这是公司重组中决定性的环节，决定公司能否最终实现公司价值。

3. 董事会重组

为了取得目标公司的实际控制权，必须对目标公司董事会进行改组，以便下一步工作的顺利推进。

要做好董事会重组工作，做好人事安排，做好机构职责和人员的整合。要制订企业反并购方案，充分巩固对目标公司的控制权。

四、资产和债务重组

在买壳交易方法中，企业可以采用现金进行收购，同时，还可用资产置换和股权置换等方式进行收购，即收购方可以用持有的其他公司的股权和企业资产来换取对上市壳公司的股权，达到控制上市公司的目的。在以上方式中，收购方不用拿出现金就可获得对壳公司的控制权，同时还可以借此机会对自己的资产结构进行适当的调整。

作为公司重组中的一种有效方式，置换有着独特的运用。交易双方或者多方按某种约定的各方都认可的价格，在某一特定时期内进行交换股权、资产、负债或其他条件的交易。此处资产不包括现金、股权，并非资产负债表中的资产分类。

资产置换与股权置换的不同之处在于，后者会引起股权的变动，在运用中股权置换具有引入合作伙伴或战略性投资者的功能。资产置换不具备此功能。

资产置换的根本目的是，公司在重组中使资产处于最佳配置的状态，获取最大收益。通常在以下情况下使用资产置换：置换的双方通过置换资产减轻原来的资产包袱和负担，充分发挥公司的优势，重新聚集和突出公司的核心竞争力。在企业所在的当地政府行为的推动下，通常采用的是换出劣质资产，换入优质资产，提高资产质量，从而提高上市公司的盈利水平。

1. 债务的处理

上市公司的债务负担如果比较重的话，将会成为上市公司继续发展的包袱和障碍。一般较为直接的处理方法是将债权变为股权，债权方变为上市公司的股东之一。但是，如果上市公司的债权比较集中的话，则有可能对买壳方第一大股东的地位造成影响。同时，企业的债务结构中银行的贷款占据了很大一部分，这是较为现实的问题；而根据《中华人民共和国商业银行法》的相关规定，商业银行是不得向非银行金融机构和企业进行投资活动的，这样就造成大多数上市公司的债务根本无法转为上市公司的股权。但是可以采取变通方式，上市公司与借款银行重新订立还款协议，经双方深入协商并得到当地政府的支持，适当推迟上市公司的还款期限，降低借款利息或分期分批进行偿还。

为解决当前经济的结构性矛盾，国家经济贸易委员会、中国人民银行联合发出《关于试行国有企业兼并破产中若干问题的通知》（以下简称《通知》）。对于挽救有希望的濒临破产企业，《通知》要求，应当充分尊重债权人的意见，尽可能采取合并、兼并、分立、代管等方式予以挽救，要开动脑筋，积极探索以债务托管经营和企业重组相结合的方式，解决濒临破产企业的生存和发展的问题。这一规定打通了政策瓶颈，为优势企业重组兼并劣势企业提供了机遇。

中国人民银行、国家经济贸易委员会、国家财政部三部委联合发布了《实施全国企业兼并破产和职工再就业工作计划银行呆、坏账准备金核销办法》（以下简称《办法》），该《办法》在国务院确定的"试点城市"推行企业优化资本结构。《办法》指出，呆、坏账的核销应遵循总量控制、程序简便、操作规范、审批及时的原则。此外，关于停息挂账等问题，《办法》中也都确定了专门的实施细则。政策的出台，为企业并购重组和上市打开了一条新的通道。

2. 企业历史遗留问题的处理

在上市前进行股份制改造后许多上市公司，历史遗留的许多问题并没有得以彻底地根本地解决。不良资产的处理、离退休职工的安置等问题依然存在。前者属于企业技术性问题，后者的解决就相对较为复杂。原有的企业工资框架结构中，退休基金不包含在工资结构中，包括退休金在内的所有福利都由社会和国家承担。企业进行买壳后，若由购买方负担，则会损害股东权益，造成股东的损失。

目前，将一部分国有资产转成职工的离退休基金是一个较为可行的办法，使得离退休人员安置一次性得以解决。这与我们国家的企业体制有关系，也与我们国家的社会保障体系建设有密切的关系，这是由我国国情决定的，具有中国特色的特殊性。

3. 上市公司效益的提高

企业买壳之后，必须对公司进行整合，不断提高效益，注入新的增长活力，才能真正实现通过壳公司作为桥梁和纽带进入资本市场，分享壳公司资源配置的最终目的。根据上市公司的具体状况，有两条途径可以选择：往壳公司注入预期盈利率较高的项目，通过企业原有的融资渠道为壳公司筹集项目资金。当然，提高管理水平，妥善经营，充分整合，是实现最终效益的坚实基础。

4. 政府的角色定位

在相对发达的市场经济国家，企业资产重组是纯粹的完全的市场行为，市场经济的运行规律在其中起着巨大的作用，而政府作用甚微，只在政策、法律和监管等方面发挥服务作用。根据我国目前所处的历史阶段和经济、法律环境状态，企业的资产重组离不开政府的引导和积极推动，否则，企业的资产重组难以获得成功。

政府在企业资产重组中的存在有其必要性。在当前企业特定的产权结构前提下，决定了各级政府在重组过程中不可替代性的作用。无论是民营企业还是国有企业的资产重组活动都会涉及财政、银行、税务、社会保险、劳动等许多相关的政府部门，涉及不同的利益主体，尤其是跨地区、跨行业的企业重组中，更离不开政府部门的支持与配合，政府部门成为不可或缺的重要角色。政府由于自身的公信力，有助于维护企业资产重组中的正常秩序。被兼并企业的富余人员、离退休人员的安置，目标企业的债务，非经营性资产的剥离，以及新企业的启动资金一条列问题的解决，都离不开政府的引导与支持。有些问题是因为企业改制不彻底，造成企业不良资产过多，这与经济体制有很大的关系。政府协助企业剥离这些包袱应当是政府的应尽职责之一。

当然，任何事物都有两面性，政府作用过大也会出现负面效应，如果政府介入过多、过深将会使市场机制的作用受到限制。实现政府职能的转换，提高资产重组的效率。政府应作为资产重组市场机制的培育者和引领者，使政府职能集中于引导、规范、指出、监督、调节和服务等几个方面。

政府参与重组必须遵循市场规则，按照经济规律办事，必须以优化资源结构配置、提高企业运行效率、增强企业竞争力为最终目的。政府和立法部门着重完善资产重组的法律体系建设，只有法律体系健全了，市场成熟了，企业资产重组才能顺利实现。

五、华丽转身，间接上市

企业完成了调整和整合，下一步就是华丽转身，间接上市，以实现企业上市的最终目标，实现企业的跨越式发展。这个过程需要对企业发展战略重新进行调整，为企业发展创造新的广阔的空间，同时要按照相关要求，严格履行程序，完成必要的法律程序。

1. 申报与审批

企业重组中涉及多个部门与组织，有各种组织管理部门、中国证监会及地方证券监管办事机构，沪、深交易所，中介机构，会计师或审计师事务所，律师事务所，资产评估事务所，并购顾问，等等。各部门各自独立又相互协作，做好申报文件，协调完成相关申报工作。民营企业和国有企业的申报工作有所不同。国有企业涉及国有资产的问题，相对比较复杂。

当获得证券管理部门批准后，应在证监会部门指定的报纸上进行公告，让投资者和相关人员获得信息。股权过户是收购行为完成的主要标志。并购公告发布后，并购双方应该去相关的证券登记公司办理股权的过户登记。

2. 企业重建

企业重建主要是整合资源，做好协调工作，确立新的公司战略目标。

做好管理整合工作，改组董事会及高级管理层，进行企业文化融合和企业制度的整合，做好人力资源调整和部门机构的设置调整等工作。

做好战略协同工作。收购方结合重组调整公司的经营战略，确立上市公司作为重组方发展的重要地位；把企业优良资产注入上市公司，转移不良资产，优惠资产结构，实现企业持续发展和较好盈利；结合实际工作要求，合理处理上市公司的业务与资产。

企业重组只是万里长征的第一步，还有很多事情要做：重新制定或者确立上市公司的经营战略，重塑公司在行业内的专业形象，提高公司的净资产收益率，避免与行业内的同业竞争；选择和突出产品的竞争优势，重构公司核心优势，扩大生产经营规模，扩大市场占有率，加强企业财务管理工作，降低生产成本开支，加强技术开发与市场营销，增强科研实力；搞好投资建设，寻找新的利润增长点。

3. 海尔借壳上市案例

海尔中建集团有限公司（以下简称"海尔中建"）登录香港股市的最终方案，看上去并不离奇，但这场意料中的注资，其实是从2000年10月就开始，其间一波三折，整整运作了三年半之久。

海尔中建的前身是香港麦绍棠控制的中建系下面的中建数码（1169.HK），白手起家的麦绍棠在香港资本市场以善于买卖著名，在过去十年里，麦绍棠打造出一个从无到有的中建系，包括中建电讯（0138.HK）、中建科技（0261.HK）、中建数码（1169.HK）和时富投资集团（1049.HK）4家上市公司。

海尔集团海外借壳上市的第一阶段是实现控制海尔中建29.94%的股权，第二阶段是实现控制海尔中建57.26%的股权，在两阶段的运作过程中，搭建了一系列运作平台类公司实体。

人们一直不理解海尔集团为何要将上百亿资产的融资机会悬系于当年净资产不足20亿港元、主业混沌不清的海尔中建。

2000年年底，海尔的手机业务在寻找支持伙伴的同时，发现了香港最大的手机制造商——中建电讯（0138.HK），双方希望共同发展手机业务，于是成立了两家合资公司：飞马青岛和飞马香港。前者设在青岛，负责手机制造和国内市场分销；后者设在香港，负责手机材料采购及海外分销。海尔集团分别持有飞马青岛、飞马香港51%和49%的股份，其余股份由中建电讯控制。

海尔集团借壳三年半，每年都只有微小进展，也许是受制于大股东麦绍棠所致，即使海尔从2000年开始做IPO，也有可能已经完成了。借壳的好处也许在于海尔集团可以将注入资产的产权关系逐步理顺，并适时实现完全的管理层收购。

2000年8月海尔集团成立海尔投资发展有限公司（以下简称"海尔投资"），作为借壳的运作平台。2000年8月，海尔投资与中建电讯在青岛合资成立飞马青岛。2000年10月，中建电讯与香港富东公司在香港成立飞马香港公司。富东公司是海尔集团在2000年收购的一家香港投资公司。飞马青岛和飞马香港都是从事手机生产与销售。

2001年年底，海尔集团迈出借壳第一阶段的第二步：海尔中建（当时名为中建数码多媒体）向中建电讯和富东公司分别收购其持有飞马香港权益，其中富东公司所占股份的价值为3.9亿港元，以海尔中建的19.6亿股股权抵偿。此次交易后，海尔集团（实际上是香港富东）持有了海尔中建21.93%股权，由此进入麦绍棠掌控的中建系。此间，双方还约定，海尔中建拥有对海尔投资持有的飞马青岛51%股份的认购权，并以相应海尔中建股份支付。

2002年8月8日，海尔中建行使了部分认股权，即从海尔投资手中收购飞马青岛15.5%的权益，以29.83亿股代价股份支付，海尔集团在海尔中建的持股比例上升至29.94%。（由股权结构图可看出：

海尔集团掌控的海尔中建29.94%的股权实际上是通过海尔投资掌控的10.27%和香港富东掌控的19.67%实现的。）

为完成注资，海尔集团于2003年12月23日注册了3家公司：青岛海尔集团股份有限公司（海尔BVI控股）、海尔股份有限公司（BVI-1）、青岛海尔投资发展股份有限公司（BVI-2）。2004年1月2日，在青岛成立合资企业：青岛海尔洗衣机有限公司（青岛洗衣机）。这4家公司将作为其注资运作平台。由股权结构可看出，注入海尔中建的两块洗衣机资产——顺德海尔和合肥海尔，被分别装入BVI-1公司、BVI-2公司和青岛洗衣机这3家专门用于运作的壳公司中。

2004年4月2日，海尔集团与海尔中建签署注资协议，海尔集团向海尔中建注入洗衣机和移动手机业务，逐步实现集团的海外整体上市。具体股权安排如下：

为收购洗衣机业务，海尔中建按照每股0.18港元的价格向海尔集团定向发行7.248亿港元新股以及2.6亿港元可转换债券，用以支付10.348亿港元的收购对价，余额部分以5000万港币现金补齐。其中，2.6亿港元可转换债券转股期为3年，海尔集团可选择到期收回本息，或按每股0.18港元的价格转换为海尔中建股份。

移动手机业务的收购是通过行使对飞马青岛35.5%的股权的认购权实现的。具体安排为：海尔中建以每股0.2港元的价格向海尔投资发行4.685亿港元新股，实现对海尔投资持有的飞马青岛35.5%的股权的认购。

上述收购涉及总金额约为15.03亿港元，其中，洗衣机业务约为10.35亿港元，移动手机业务约为4.69亿港元。

由股权结构的变化可以看出：

海尔中建向海尔集团公司和海尔投资收购目标BVI-1公司和目标BVI-2公司全部股本。海尔中建向海尔集团吸纳资产所支付的代价股份，都将支付给海尔BVI控股。最终，海尔BVI控股将由此直接拥有海尔中建24.65%的股权。这家BVI公司实际上由海尔集团高管层持股。

海尔集团本次注入海尔中建的洗衣机业务是，60%的顺德海尔的股权、93.44%的青岛洗衣机的股权和100%的合肥海尔的股权。注入的移动手机业务是35.5%的飞马青岛的股权。

第二阶段收购完成后，海尔集团持有海尔中建的股份由原来的29.94%变成57.26%，成为其第一大股东。如果可转债全部转股，海尔集团最终持股比例将提高到60.72%。海尔中建公司名称将更改为"海尔电器集团有限公司"，而海尔中建的原第一大股东——中建电讯集团有限公司所持有的股份则由原来的43.62%变为24.45%。

第六章
资本市场融资其他途径分析

步入资本模式
——民企上市之路

一、资本租赁与换股融资途径

对于希望在资本市场驰骋的民营企业，还有几种其他的资本运作形式，其中包括资本租赁与换股融资途径。

1. 资本租赁

资本租赁是指承租人于支付租金后便可取得其租赁物之所有权，而承租人于租赁期届满后，可无条件拥有或优惠承购租赁物的权利。

从承租人的角度可对租赁分为经营租赁和资本租赁两类。租赁到期时，资产所有权转移给承租人；租赁者有优惠购买选择权和优先权。一般来说，租赁期限长于或者等于租赁资产的预计经济寿命的75%。在租赁期开始时最低租赁付款额的现值大于等于资产出租收益净值的90%，这个净值就是在租赁开始日出租人的租赁资产的公允价值减去出租人保留的和预期会实现的任何相关投资减免税后的余额。但是，如果租赁资产是旧资产，在开始租赁前其已使用年限超过资产经济寿命的75%时，则不适用本标准，双方另行协商决定。

资本租赁是长期的资本融资的一种方式，在资产寿命期以内，出租人按时段收取租金，出租人不提供维修保养服务，到期后租赁资产按约定进行处理，包括出租人收回、转让给承租人、继续租赁等方式。也可以将资本租赁看作是购买某项资产，是以分期付款的方式来购买的。因此，在资产负债表中资本租赁会同时将它列为一项无形资产，同时也是一项负债。

2. 换股

换股也是一种融资办法，对于一些民营企业也有借鉴意义。

换股即并购企业将目标公司的股权按一定比例换成本企业的股权，兑换比例双方协商确定，或者按照一定方法进行评估，目标公司业务被终止，或成为并购企业的子公司，视具体情况可分为库存股换股、增资换股、母子公司交叉换股等多种方式。

换股并购对于目标公司股东而言也是比较有利的，可以推迟收益的时间，自然达到延迟缴税或合理避税的目标，亦可分享并购企业经营业绩和价值增值带来的好处。

换股要按照一定方式确定各自股权价格的比例。双方签署换股协议。

二、场外交易融资途径

除了通过资本租赁与换股进行融资，还有场外交易融资途径可以选择。

场外交易市场在国内发展历程较短，属于新生事物，发展潜力巨大，比如从北京新三板最近几年取得的成就，便可见一斑。国内场外交易市场主要包含全国中小企业股权交易市场（北京新三板）和上海股权托管交易中心，以及地方市场的股权交易市场。国外的有美国的纳斯达克市场等。

1. 新三板市场

新三板市场原来只针对北京的中关村科技园区，后来针对北京市的中小企业，再后来扩展到全国范围。它原指中关村科技园区的非上市股份有限公司进入代办股份系统进行转让试点，因为不同于原转让系统内的退市企业及原STAQ、NET系统挂牌公司，挂牌企业均为高科技企业，故形象地称为"新三板"。

新三板的意义主要是针对中小企业，会给该企业带来很大的好处。目前，新三板不再局限于中关村科技园区非上市股份有限公司，也不局限于武汉东湖、天津滨海、上海张江等试点地区的非上市股份有限公司，而是成为全国性的非上市股份有限公司进行股权交易和融资的平台。新三板作为场外交易市场，与老三板最大的不同是配对成交，北京新三板目前设置30%幅度，超过这一幅度按照相关规定要公开买卖双方的信息。

新三板上市的多家股份有限公司在股东人数不突破200人的条件下，正在进行定向增发以实现企业再融资，将大大增加新三板的吸引力和活力。

新三板创立于2000年，当时由中国证券业协会出面，协调部分证券公司为解决主板市场退市公司与两个停止交易的法人股市场公司的股份转让问题，设立了代办股份转让系统，被称之为"三板"。由于在"三板"中挂牌的股票品种少，投资价值低，多数股票质量较低，要转到主板上市难度非常大，很难吸引投资者的目光，多年受到冷落。

为了改变这种柜台交易过于落后的中国资本市场的局面，同时也是为更多的高科技成长型中小企业提供股份流动的平台和机会，由中国证券业协会出面，协调部分证券公司，后来在北京中关村科技园建立了新的股份转让系统，被称为"新三板"。企业在"新三板"挂牌的要求远远高于"老三板"对企业的要求，同时交易规则也有很大的变化。"新三板"在很多地方实现了突破，做了有益的尝试和探索，但"新三板"的现状仍不是很理想，仍难以让人满意，很多股市上的投资者根本就不知道市场体系中还有"新三板"的存在。

目前，北京新三板90%左右的挂牌股份有限公司均属于国家统计局和国家工信部标准内的中小微企业。

2. 上海股权托管交易中心

上海股权托管交易中心也提供场外市场交易，诸如Q板、E板和N板，针对企业不同的资本诉求，可以根据自身情况进行选择。它是北京新三板之外的又一家针对全国中小企业上市的场外交易市场。

上海股权托管交易中心经上海市政府批准2011年开始设立，由上海市金融服务办公室实施监管，遵循国家证监会对中国多层次资本市场体系建设的统一要求，是中国多层次资本市场体系建设的重要环节，也是上海市国际金融中心建设的重要组成部分之一。上海股权托管交易中心致力于与证监会监管的证券市场实现对接，对挂牌公司规范运作、信息披露等市场行为予以监管和指导，努力为挂牌公司实现转中小板、主板、创业板上市发挥股改、培育、辅导和辅助的作用。为挂牌公司提供重组购并、定向增资、价值挖掘、股份转让、营销宣传等多方面的服务。

上海股权托管交易中心积极发挥"股份交易中心、上市孵化中心、资源集聚中心、金融创新中心"的功能，成为资本市场上的新的战场和平台，为挂牌公司和广大投资者提供优质的服务。

目前，上海股权托管交易中心Q板挂牌企业多达8404家，E板挂牌企业达到584家。股权融资达到111.65亿元，债权融资达到25.24亿元。

3. 新四版市场

新四板又称"区域性股权交易市场"，是为特定区域内的企业提供股权、债权转让和融资服务的私募市场，是公司规范治理、进入资本市场的孵化器。新四板、新三板、创业板、主板都是中国多层次资本市场的重要组成部分。

新四板是中小企业踏入资本市场平稳起步的地方，具有快速（一周）、高效（门槛低）、实用（服务多）的特征。对于广大中小企业进入资本市场是一个最佳选择。其作用体现在以下方面：

第一，帮助中小企业迈出资本市场第一步，提供多层次金融服务、资本智慧、资本人脉。

第二，挂牌企业获得非上市公众公司地位，快速对接金融机构，提升公司的融资能力。无论是股权融资、政府资金还是获得债权性质融资（股权质押贷款、信用贷款、中小企业私募债等）的可能性、便利性都会大大提升。

第三，股份在新四板市场实现定价流通。原始股东流通变现，投资人获得退出渠道，企业管理层及核心技术人员所持股份激励作用显现。

第四，便于实现产业融合，实现行业、上下游开放，提升行业整合能力。

第五，通过机构的辅导，能够提高公司治理和规范运作水平。

第六，提升企业公众形象、认知度、知名度，能够起到很好的广告效应，增加了品牌的价值。

第七，为今后通过介绍上市或IPO的方式转板打好基础。

第八，挂牌快、时间短，公司迅速进入新四板挂牌流通。

第九，享受股权交易中心直接的金融服务。

4. 美国纳斯达克市场

美国作的资本市场历史悠久，发展相对比较完善。纳斯达克（NASDAQ）是美国重要的资本市场之一，在全世界都有着很大的影响力。

纳斯达克的全称为"美国全国证券交易商协会自动报价系统"，于1968年创建。我们国家的全国中小企业股权交易系统和上海股权托管交易中心以及各地的股权交易场所都是借鉴美国纳斯达克小型资本市场的经验和模式而创立的。

市场期票出票人在纳斯达克市场被允许通过互联网或电话直

接进行交易，而不拘束在交易大厅进行交易，而且交易的内容大多与诸如计算机方面等新技术相关，是全世界第一家电子证券交易市场。纳斯达克形成并拥有自己的做市商制度，通过几十年的发展，积累一些独立的股票交易商，这些交易商为投资者承担某一只股票的卖出和买进任务。收集和发布场外交易非上市股票的证券商报价成为纳斯达克的特点。纳斯达克现在已成为全球最大的证券交易市场。目前纳斯达克的上市公司有5200多家。

相比较而言，纳斯达克有其自身的特点，实行双轨制运作。在上市方面分别实行两套不同的标准体系：纳斯达克全国市场和小型资本市场。通常，规模较大的股份有限公司在全国市场上进行交易；而规模较小的新兴股份有限公司在小型资本市场上进行交易，因为小型资本市场的上市要求没有那么高，适合于中小企业上市。但证券交易委员会对两个市场的监管范围并没有区别，基本上是一样的。

采用高效的"电子交易系统"（ECNs），在市场技术方面纳斯达克市场具有很强的竞争实力，纳斯达克在全世界共安装了50万台计算机终端，面向世界的基金经理、交易商和经纪人传送5000多种证券的最新交易信息和全面报价。但是，这些终端机仅仅提供全面的市场信息，并不能直接用于进行证券交易。证券经纪人和交易商要进行交易须通过计算机终端取得市场信息，然后用电话进行有关交易，证券经纪人和交易商通知在美国的全国证券交易商协会会员公司，由他们完成交易。由于采用先进的电脑化交易系统，纳斯达克大大降低了管理与运作成本，提高了工作效率，同时也增加了纳斯达克市场的公平性、公开性、流动性与有效性。

造市人是纳斯达克市场的一个特点。纳斯达克拥有自己的做市商制度，他们是一些独立的股票交易商，接受客户的委托，为投资者承担买进和卖出某一只股票的任务。对于那些市值较低、交易次数较少的股票这一制度安排显得尤为重要。纳斯达克现在试图通过这种做市商制度使上市公司的股票能够在最优的价位成交，同时又保障投资者的利益。

在纳斯达克市场，造市人起到很重要的作用，既可买卖股票，又可保荐股票。也就是说，他们可对自己担任造市人的公司进行充分的深入的研究，就对自己担任造市人的公司的股票发表研究报告并提出相关的推荐意见。在成交后90秒内造市人必须向全国证券交易商协会当局报告在市场上完成交易的每一笔交易。价格的交易和买卖数量等相关的信息随即转发到世界各地的计算机终端，供基金经理、交易商和经纪人参考。这些交易报告的资料作为日后全国证券交易商协会审计的基础。

三、其他融资渠道

我国的资本市场在逐步规范，逐渐走向成熟，市场程度会越来越高。民营企业步入资本市场的途径会多元化，也会越来越便捷。在多姿多彩的资本市场上，民营企业融资还有很多渠道。只要企业资信良好，在资本市场上终将会占有一席之地。民营企业融资的道路是曲折的，但前途是光明的。

某些金融机构可以为民营企业提供融资租赁服务，为中小民营企业提供成长中的小企业股权质押贷款以及知识产权质押贷款等服务。作为场外市场的平台，还可以给企业搭建其他资本对接的渠道，提供服务。比如，上海股权托管交易中心提供的一项服务，实现金融资源的优化配置，场外交易市场还会定期举办相关对接活动，为中小企业融资提供帮助。

民营企业融资还有以下渠道：

1. 民营企业的增资扩股

对于未上市的民营企业来说，增资扩股也不失为一种融资渠道。它是指企业根据发展的需要，扩大资本，融进所需资金，从而扩大经营规模，拓展业务，提高公司资信的融资途径。按照不同的资金来源，增资扩股可以分为私募和集资等种类。

需要增资扩股的企业首先要寻找资金方，寻找与企业合作的伙伴，寻找有意向的投资者或者是投资机构。增资扩股以促进企业持续健康规模化发展、提高企业核心竞争力为目的，因此应寻找可信赖、有资金、与企业相适合的境内外法人、自然人或者其他投资机构作为合作伙伴。

增资扩股的企业必须取得股东会的同意进行增资扩股融资的批准文件。根据我国《公司法》的规定，有限责任公司股东会对增加公司资本的决议和股份有限公司对增加注册资本的决议，都必须经2/3以上有表决权的股东进行表决通过。

在法律上要做到完善合规。"批准性文件"一般是指股东决议书和股东会会议记录等，其上面有符合法定数额的股东签名。

增资扩股需要开展清产核资、审计和资产评估工作。按照我国《证券法》和有关文件精神的规定，对上市公司而言，进行增资扩股之前，必须进行清产核资、审计和资产评估工作。这个阶段进行企业的清产核资、审计及资产评估工作，对于稳定公司决策机构、明确股东各方股权、避免日后的法律风险都具有很大的意义。

企业在清产核资和审计的基础上，应当进行资产评估，依照相关法律法规，委托具有相关资质的资产评估机构对企业和作为增资的资产评估。

资产评估报告还必须逐级报送给有关单位进行审查，并按照程序办理备案。评估报告依法经备案后，作为确定增资扩股时资产价格的重要的参考依据。按照程序对资产评估报告进行备案或进行公证，对于企业长期的稳定和健康发展也十分有利。经过评估程序后，合作各方签订增资扩股协议，进行实质性操作。按照协议规定，缴纳资本并验资。有限责任公司增加注册资本和股份有限公司为增加注册资本发行新股时，股东认缴新增资本的出资额度和方式，按照国家的《公司法》中设立有限责任公司缴纳出资的相关规定执行。股东缴纳出资后，必须按照相关规定，经依法设立的验资机构验资并出具证明文件。

以上操作完毕、增资扩股之后，企业应及时变更公司章程中的相关规定，并到工商部门登记及办理变更手续。变更公司的章程主要集中在股权分配、股东数量、股东责任这三个方面。按规定提供相应的材料，向原企业工商登记注册单位提出。

鉴于增资扩股程序相对复杂且国家法律对变更出资、资金的形式等进行了部分强制性规定，因此为了避免具体操作上的失误和延误，向信誉度较高的律师事务所咨询或委托律师事务所进行相关事项操作十分必要。

增资扩股的优势在于企业无须办理其他的各种手续，无须对外融资，也无须负债，企业能够较长时间地使用所筹到的资金，不必担心还款期限及利息等问题。增资扩股最大的优势在于重新设计公司的管理形式，同时把新的管理形式以法律保护的形式固定下来，具有较强的稳定性和规范性，能有效地避免公司决策层的变动和纠纷。

在中小企业所有融资渠道中增资扩股的法律风险是最低的，但是如果操作不当也会有法律风险，比如疏于对合伙伙伴的审查，对相关增资扩股的协议的内容没有采取法律保护的措施加以稳定，易在公司股东层造成很大的疏漏，并为企业今后的发展埋下不稳定隐患。因此，有必要请专门的律师事务所介入进行操作，协助完成增资扩股事项，有效避免法律风险的发生。未雨绸缪，才能防患于未然。

2. 民间借贷

对于民间借贷我们并不陌生，尤其对于民营企业来说，企业向除银行以外的机构和个人借款都属于民间借贷的范畴，包括向个人、各种标会、"基金会"、高利贷机构等进行融资。

依据借款对象不同，可以将民间借贷分为向自然人借款和向法人借贷两种形式。向法人借贷又可以分为企业拆借、标会融资和高利贷借款等。

公司可以向自然人借贷，在法律规定上是允许的。但企业之间不能进行借贷，这种借贷行为违反我国有关的法律规定。

标会是合会的一种形式，是一种自发的民间信用融资行为。由发起人邀请若干亲友一同参加，一般是定期举办。参与者每期缴纳一定数额的"会费"，形成会款，每期筹集的会款按约定的规则归某位会员所有，由其进行借贷谋利。

一些民间资金拥有者自发成立的"基金会"类似于标会，而不同于一般意义上的民间公益性的非营利性组织的"基金会"。

高利贷是指收取相对高额利息的贷款。这些现在称为"放数"的放债人，向"高利贷"借钱，一般来说毋须抵押。依据我国法律法规的相关规定，只要利息高于银行同期贷款利息4倍就属于高利贷，利息收益不受法律保护。为了加快农村金融市场建设，推动农村金融发展，现在农村金融方兴未艾，有的地方成立了村镇银行，也对当地农户和中小民营企业发放贷款。

相对于银行贷款来说民间借贷的流程要简便得多，大部分则不需要担保，只有很少的部分需要担保。民间借贷的额度不大，但对象广泛、操作简单、期限灵活、手续简便，符合中小民营企业的发展过程中的资金需要，在紧急情况下可以解决中小企业的燃眉之急。但民间借贷市场不够规范，容易产生债务纠纷甚至刑事责任等。其缺点也是显而易见的。

我国法律均未明确认可标会、"基金会"和高利贷法律地位，因此产生纠纷时，无法给予受害者企业和个人全面的法律保障。

鉴于民间借贷的种种弊端，建议在运用民间借贷借款时一定要依法出具借条或者借款合同等书面凭证。

3. 企业拆借

企业拆借，是指非金融性质的公司之间进行的直接的资金借贷往来活动。

企业拆借的构成要件有三个：在主体上，拆借双方为公司法人，且任意一方不得为金融性质的公司。在拆借对象上，公司之间的拆借行为对象为资金，而不是其他的资产。设备、物质、知识产权等其他对象不是企业拆借行为标的。在拆借关系上，是企业间直接的拆借关系，第三方出现的转借贷的行为不属于这一范围，也就是说是两个公司之间直接的、面对面的资金借贷关系。

现实生活中企业之间借贷是非常普遍的现象，依据我国税法的某些规定，在一定程度上承认企业拆借合法性，在一定程度上企业拆借也是可以操作的。

4. 典当融资

典当是指当户将其动产、财产权利作为当物质押或者将其房地产作为当物抵押给典当行，交付一定比例费用，取得当金并在约定期限内支付当金利息、偿还当金、赎回典当物的行为。

典当行是指依照《中华人民共和国公司法》和《典当行管理办法》设立的专门从事典当活动的企业法人机构。典当在我们国家有着悠久的历史，迄今已有1700多年。在中国近代银行业诞生之前，典当是民间主要的融资渠道，在解危济困、促进流通、调剂余缺、稳定社会等方面发挥着重要的作用。现在典当行是特殊金融企业，为非国有中小企业和个人提供临时性质押贷款，是以实物占有权转移形式实现。典当的操作程序一般为：审当——验当——收当——保管——赎当。与银行贷款相比，典当贷款成本高、贷款规模小，但操作速度快，典当也有银行贷款所无法相比的优势。

  银行对借款人的资信条件近乎苛刻，典当行对客户的信用没有太高要求，典当行只注重典当物品是否货真价实，物有所值。一般商业银行只做不动产抵押，而典当行可以动产与不动产质押二者兼为。和银行相比，到典当行典当物品的起点低，价值百元、千元的物品都可以当。与银行恰恰相反，典当行更注重对个人客户和中小企业服务。与银行贷款手续繁杂、审批周期长相比，典当贷款手续十分简便，大多立等可取，可以解燃眉之急，即使是不动产抵押，也比银行要便捷很多。客户向银行借款时，不能超越银行指定的贷款的用途范围；而典当行不问贷款的用途，只看当品价值。

  典当也有一定的缺点，除利息比较高之外，典当贷款还需要缴纳较高的综合费用，包括保管费、保险费、典当交易的成本支出等，因此它的融资成本远远高于银行贷款的成本。再者，最近几年诈骗典当行的案例时有发生，所以融资者要擦亮眼睛，防止上当受骗，给企业造成损失。

5. 银行贷款

  银行贷款是指银行根据国家政策以一定的利率将资金贷放给资金需要者，并约定期限归还的一种经济行为。向银行贷款是企业和个人最为常见的一种融资形式。向银行贷款的流程比较复杂，一般包括贷款申请、贷款调查、贷款审查、贷款审批、贷款发放等几个环节。在开始的贷款申请环节，需要民营企业做的事情较多；其他环节，相对来说需要银行做的事情较多。即使是贷款申请环节，也因为贷款类型的不同而需要准备不同的申请材料，走不同的申请程序。

  民营企业银行贷款主要有担保贷款和委托贷款两种形式。

（1）担保贷款

担保贷款分为保证贷款、抵押贷款和质押贷款。保证贷款，是指按《中华人民共和国担保法》规定的保证方式以第三人承诺在借款人不能偿还贷款时，按约定承担一般保证责任或者连带责任而发放的贷款。一般说来，保证人承担连带保证责任比一般保证责任对债权的实现更有利，同时保证人的责任也更重一些。抵押贷款又可以分为小额抵押贷款和房产抵押贷款。质押贷款又可以分为个人质押贷款和企业质押贷款。

需要强调的是，企业质押贷款中，作为质押物的动产或权利必须符合《中华人民共和国担保法》的有关规定，对质物出质人必须依法享有所有权或处分权，并向银行书面承诺为借款人提供质押担保。以银行汇票据和国库券等有价证券作为质押的，质押率最高不得超过90%；以动产、商业承兑汇票、依法可以转让的股份（股票）、提货单、仓单等质押的，质押率最高不得超过70%；以其他权利或动产质押的，质押率最高不得超过50%。国库券（国家有特殊规定的除外）、AAA级企业债券、金融债券、国家重点建设债券、储蓄存单等优价证券一般可作为质押的质物。

（2）委托贷款

委托贷款是指由委托人提供合法来源的资金，根据委托人确定的贷款对象、用途、金额、期限、利率等委托业务银行代为发放、监督使用并协助收回的贷款业务。委托人包括政府部门、企事业单位及个人等。

由委托人根据借款人的偿还能力、贷款用途或根据委托贷款的具体情况来确定委托贷款的期限；由委托人和借款人参照人民银行的各类贷款利率标准商定委托贷款利率，但不得超过人民银行规定的利率浮动的上限。

委托贷款的风险主要是企业是否可以按时付息还款。由于在整个委托贷款的业务中受托的金融机构只负责代为发放、监管使用、协助收回，并从中收取一定手续费，不会承担任何形式的贷款风险责任。借款企业或个人到期能不能如约偿付借款的风险是最大的风险所在。委托人作为委托业务的风险承担者往往对风险的认识不足。委托贷款的审批不同于银行贷款，从贷款的投向到审批没有形成一套科学、系统、严谨的可控程序，也相对缺少统一、规范的操作标准，这无形之中加大了委托人资金的风险。

6. 银行承兑

民营企业可以运用银行承兑汇票拿到资金。银行承兑是指银行作为远期汇票的付款人在汇票上签名，同意按出票人指示到期付款的行为。对持有远期汇票的持票人而言，银行的承兑汇票，无疑也是一种有效的融资渠道。在我国，大部分的银行一般只承兑银行汇票和商业汇票中的银行承兑汇票。银行承兑行为只是针对远期汇票而言的，支票、本票、即期汇票等票据都不能成为银行承兑的对象。

（1）一般操作流程

按照银行的格式要求填写银行的承兑汇票申请书；根据要开的承兑汇票的金额按照银行的保证金比例计算保证金数额；根据计算出的保证金数额填写转账支票，填写进账单；然后将所有资料交给银行进行处理即可。

（2）优势与法律风险分析

银行承兑能够立即取得现金，立等可取，快捷迅速。由银行做承兑人，信誉度相对较高。省去了在贸易过程中的很多环节，有利于贸易快捷、简便地进行。

在金融日益发展的今天，银行承兑汇票虽然信用较高，但存在很难立即识别的风险隐患，需要持票人掌握一定的技巧和方法来降低识别的风险。一方面为假票据，即票据本身是假的，是伪造的，类似于假币，从票据到信息全部是假的；另一方面为真票无效，虽然票据本身是真的，从票号到材质等为银行出具的真票据，但票据的内在信息是假的。票据诈骗也不时见诸报端，作为民营企业以此方式获得资金要慎之又慎。

由于相关信息的缺失与自身能力有限，对于接受票据的企业一方来说，往往会对于票据的真实性缺乏有效的辨别方式，但最不可取的做法也是最大的隐患就是将票据放入保险箱等待至票据到期日，这样票据如果有任何问题就错过了在第一时间解决的最好时机。

因此，企业在接受票据后，第一步要做的就是，简单地判断出票人的资质与业务的性质，如果出票银行、出票人属于规模较小、金额较大、多次背书转手或者新业务等状况，则需受益人第一时间去合作银行由其协助查明真伪，银行可使用其专业查询系统以密码电报形式协查票据相关的情况，但只能查询到票号存在与否，以及依靠银行人员的专业经验判断出票据的物理性质。

民营企业走向资本之路也非一帆风顺，但关上了一扇门，就打开了一扇窗，我们期待民营企业在资本的浪潮中屹立潮头，乘风破浪，站稳脚跟，获得企业发展的资金，实现企业战略目标。

参考文献

[1] 北京市道可特律师事务所. 直击新三板 [M]. 北京：中信出版社, 2013.

[2] 投融资网.

[3] 中国法律协助网.

[4] 上海股权托管交易中心网站.

[5] 全国中小企业股权交易中心网站.

[6] 其他参考资料.

深度研究　只做精品

"新时代企业成长书架"系列书

互联网风暴来袭，新的商业模式随着互联网的浪潮孕育而生，传统的企业管理与运营模式正在接受一场全新的洗礼与挑战。

基于当前企业管理运营中存在的疑点、难点、痛点，企业管理出版社与北京金师起点文化传媒携手国内经营管理的前沿讲师、学者及业内专家匠心打造了"新时代企业成长书架"系列书籍，包括"互联网+"产业升级书系、"互联网+"新商业模式书系、新资本时代书系、管理新思维书系、众创指南针书系等几大书系，并细分为资本运营、管理技能、市场营销、人力资源、生产管理、公司治理、创业之路、商业模式运营等多个选题出版方向。

"新时代企业成长书架"诚邀企业界、培训界及商界名流及专家学者加盟合作出版，共同打造出有料、有趣、有生命力的作品，惠及广大读者以及一线的经营管理者。